WHEN HISTORY MEOWS

고양이가 중국사의 주인공이라면

2

[춘추전국 편]

페이즈(肥志) 편저
이에스더 옮김

Bunny on the Moon

서문

어느덧 《고양이가 중국사의 주인공이라면》 제2권 '춘추전국 편'이 독자들과 만날 때가 되었다.

만약 중국의 전후 오천 년 역사를 한 편의 연극으로 비유한다면 춘추전국 시대가 분명 극 중에서 가장 훌륭한 부분일 것이다. 철기가 등장하고 농업이 전면적으로 향상되었으며, 주 왕조가 완전히 멸망하고 진(秦) 제국이 화려하게 등장했기 때문이다. 이러한 큰 변화의 시대 속에 영웅과 평민이 번갈아 무대에 올랐고, 유가, 묵가, 도가, 법가도 등장해 이후 2000여 년의 중국 문명에 깊은 영향을 끼쳤다.

어떤 독자가 내게 물었다.

"이런 역사적 내용은 전문가들도 쓰기 힘든데 어떻게 그리실 건가요?"

이 질문은 이후 내게 창작의 거울이 되어 늘 내가 과연 무엇을 그려야 하는지를 깨닫게 해주었다. 그렇다. 역사적 자료가 그렇게나 많은데, 만화 한 편이 이를 다 담을 수는 없다. 우리는 그 무수히 많은 기록 속에서 역사 발전의 큰 줄기를 찾아야 한다. 다만 역사가 따분해서는 안 된다. 또한 인류가 역사를 창조했기 때문에 역사 이야기를 할 때는 역시 사람 이야기를 해야 한다. 그래서 '춘추전국' 편은 먼저 역사의 핵심 인물을 포인트로 잡고, 독자들에게 역사의 발전 과정을 설명한다. 만약 펜 한 자루로 역사를 좋아하게 만들고 관심을 가지게 해서 '역사'라는 세계의 문을 열어보게 할 수 있다면, 이것이야말로 창작에 대한 초심을 실현하는 일이 아닐까.

이러한 생각을 가지고 있던 2017년 11월, 일본에서 진행된 교류 행사에 참가한 적이 있었다. 처음 아키하바라에 있는 만화방에 갔을 때, 나는 도라에몽이 역사책, 기하학책, 물리학책에 등장하는 것을 발견했다. 그 순간 나는 내 생각이 틀리지 않았다고 확신했다. 만화로 더 많은 일을 할 수 있고, 사람들이 역사를 사랑하게 할 수 있다는 것을 깨달은 것이다.

우리는 《고양이가 중국사의 주인공이라면》 제2권에 더 많은 정성을 기울였다. 《사기(史記)》, 《좌전(左傳)》, 《국어(國語)》에 몰두했고, 존경하는 마음으로 뤼쓰미안, 바이서우이 등 역사학자의 저서를 읽었다. 이는 역사를 더 정확하게 이해하고 더 재미있게 정리하고자 하는 마음이었다.

이 만화가 어른과 어린이 모두에게 사랑받는 책이 되길 바란다. 다만 진짜 역사는 이게 전부가 아니라는 점을 기억해야 한다. 역사의 전체 모습을 알고 싶다면 더 많은 역사 서적을 펼쳐 보길 바란다.

마지막으로 이 책을 위해 애써준 친구들에게 진심으로 감사의 마음을 전한다. 진청(金城) 선생님의 지도와 출판 과정에서 보내주신 '만우문화(漫友文化)'의 모든 선생님들의 응원에 감사드린다. 다음 책에서 다시 만나길 바란다.

페이즈(肥志)

차례

제 14 장

온 세상을 다스리는 패왕의 등장

주(周)나라 왕조는 몇몇 어리석은 왕들이
제멋대로 통치를 하는 바람에
결국 힘이 많이 약해졌어.

왕은 거처를 옮겨야 했고

제후들은 평왕이
동도[2]에서 다시
나라를 세우는 것을
지지했다.

튱쑤예(童書業)
《춘추사(春秋史)》

___

1) 원래 수도의 동쪽에 위치한 지금의 뤄양(洛陽)으로 수도를 옮김. - 역주.
2) 동도(東都) : 지금의 허난(河南)성 뤄양(洛陽)시. - 역주.

제후들은 말을 듣지 않기 시작했어.

> 동천 이후, 왕실은
> 제후들의 손아귀 안에
> 들어왔다.
> 퉁쑤예(童書業)
> 《춘추사(春秋史)》

제후들이 다 같이 들고 일어나면서,
'작정하고 싸우는' 춘추시대가 열리게 되었지!

> 춘추시대에
> 모든 나라가
> 서로 맞서 싸웠다.
> 퉁쑤예(童書業)
> 《춘추사(春秋史)》

그 시기에,
제후국들은 각자 자신의 세력을 키우기 시작했어.

온 세상을 다스리는 패왕의 등장

서로를 집어삼키기도 했지.

그래서 초기에는
1,800개에 달하던
제후국들이 춘추시대에는
148개밖에 남지 않았다.
바이서우이(白壽彝)
《중국통사(中國通史)》

온 세상이 혼란스러운 상황 속에서
제후국 중에서도 가장 힘센 나라 5개가 잇따라 등장했어.

모든 제후들은 끊임없이
서로 전쟁을 일으켰다.
그중 가장 강한 제후는
다른 제후들을 압박해
자신을 우두머리로 인정하게
만들고 '패왕[3]'이 되었다.
인민교육출판사
《의무교육 과정 표준 실험 교과서
·7학년 상권》

후대 고양이들은
이 다섯 나라를 이끌었던 왕에게
패기 넘치는 이름을 지어줬어.
(좀 시크한 느낌이기도 해!)

오늘 우리가 이야기하고 싶은 고양이는
오패 중 가장 먼저 등장한 제(齊)나라의 왕
제환공(齊桓公)이야.

제환공은 춘추시대
첫 번째 패왕이 되었다.
인민교육출판사
《의무교육과정 표준 실험
교과서·7학년 상권》

환공 고양이의 본명은 소백(小白)이었어.
(너무 대충 지은 느낌이…)

환공은 스스로를 노는 것(사냥)을 좋아하는
고양이라고 말했어.

과인은 불행히도
사냥을 좋아해서
《관자(管子)·
광군소광(匡君小匡)》

---

3) 춘추전국시대에 제후를 거느리고 천하를 다스렸던 이로, 오패(五霸)가 대표적이다. 동의어로 '패주'
가 있다. – 역주.

온 세상을 다스리는 패왕의 등장

술을 좋아하는 고양이.

과인은 불행히도
술을 좋아해서
《관자(管子)·
광군소광(匡君小匡)》

과인은 행동이
바르지 못해서
불행히도
여자를 좋아하고
《관자(管子)·
광군소광(匡君小匡)》

암컷 고양이를 좋아하는 고양이.

하지 마~

자기야~

너무
무서워…

지금까지의 행동을 보면…
어리석은 왕 아니면
나라를 망하게 만드는 왕이 될 텐데!

아쉽게도(?) 그는 그렇게 되지 않았어.

난 아니야!

> 오패 중 환공이
> 가장 강성했다.
> 《맹자(孟子)·
> 고자하(告子下)》

그 이유는…
그에게 훌륭한 '비서'인
관중(管仲) 고양이가 있었기 때문이야!

> 관중…그는 환공을 대신해
> 나랏일을 계획하고,
> 패왕이 되기 위한 기초를
> 먼저 다졌다.
> 퉁쑤예(童書業)
> 《춘추사(春秋史)》

관중

관중 고양이는 환공을 도와
나라의 부와 군사력을 키워,
나라를 나날이 번성하게 만들었어.

> 환공은 관중을 얻고…
> 다섯 가문을 연합해
> 군대를 만들고, 화폐를 만들며,
> 어업과 소금업의 강점을 살려
> 가난한 사람들을
> 구제하는 한편,
> 유능하고 현명한 사람들을
> 기용해 제나라 사람들이
> 모두 기뻐했다.
> 《사기(史記)·
> 제태공세가(齊太公世家)》

파이팅!

아자!

온 세상을 다스리는 패왕의 등장

하지만 사실대로 말하자면…
환공 고양이와 관중 고양이가 처음부터 '함께'한 건 아니었어.

그들의 이 '악연'이 왕과 신하의 인연으로 바뀐
행운의 이야기는 매우 재미있어.

날 봐요!
날 봐요!

거기 총각
날 봐요!

그 당시

반드시 내가 먼저
돌아가서 왕위를
계승하겠어!

궁녀들한테
예쁜 옷을
입혀야지!

당시 환공 고양이는
아직 형제들과
왕위를 놓고
다투고 있었어.

왕을 세우는 일을 논의하자 고혜(高傒)[4]와 국의중(國懿仲)[5]이
앞장서서 거(莒)나라에 있는 소백을 몰래 불렀다. 노(魯)나라도
무지(無知)[6]가 죽었다는 소식을 듣고는 군대를 보내 규(糾) 공자[7]를 호송하고

《사기(史記)·제태공세가(齊太公世家)》

---

4) 고혜(高傒) : 제나라 강태공(姜太公)의 11세 후손으로, 제나라의 귀족. - 역주.
5) 국의중(國懿仲) : 제나라 강태공(姜太公)의 후손으로, 제나라의 귀족. - 역주.
6) 무지(無知) : 제나라의 15대 왕. - 역주.
7) 규(糾) 공자 : 제나라 14대 왕 양공(襄公)의 아우. - 역주.

집돌이 녀석. 활로 끝장을 내주마!

'적'의 신하였던 관중 고양이는
자신의 주인을 위해서
환공 고양이를 암살하려고 했어!

하지만 아쉽게도 그 계획은 성공하지 못했어….
(환공 고양이는 죽은 척을 해서 그 위기를 넘겼어…)

관중에게 따로 병사를
이끌고 거(莒)나라로
통하는 길을 막게 했다.
관중이 소백에게
활을 쏘았는데
허리띠 쇠 장식에 맞았다.
《사기(史記)·
제태공세가(齊太公世家)》

다행이다.
얼른 죽은 척해야지….

예! 성공했다!

수도로 돌아온 환공 고양이는
순탄하게 왕위를 계승했어.

화살에 대한
복수다!

그놈을 잡아와라!
내가 얼마나 무서운
고양이인지 보여주겠다!

소백이 벌써
들어와 있었고 …
그가 바로
환공(桓公)이다.
《사기(史記)·
제태공세가(齊太公世家)》

온 세상을 다스리는 패왕의 등장

그렇게…
관중 고양이가
붙잡혀왔어.

환공 고양이는 매우 화가 났지만,
관중 고양이의 재능을 알아보고 그에게 벌을 내리지 않았어.

관중을 불러 화를
낼 것처럼 꾸몄지만,
사실은 그를 높은
자리에 올려 쓰려
한 것이었다.
《사기(史記)·
제태공세가(齊太公世家)》

그때부터, 관중 고양이는 환공 고양이의 비서가 되었어.

관중 고양이는
환공 고양이를 위해 중요한 국가 정책을 만들었어.

제가 계획서 하나 써드릴게요.

환공이 관중을 얻고
제나라의 정치를 맡겼다.
《사기(史記)·
제태공세가(齊太公世家)》

제환공이 패왕이 따라야 할
정치의 원칙에 대해
이야기했는데, 후대 사람들이
이를 관중의 이 한 문단으로
종합했다. 그것이 바로
'존왕양이'의 이론적 근거다.
바이서우이(白壽彝)
《중국통사(中國通史)》

그것이 바로

尊王攘夷
존   왕   양   이 [8]

주나라 천자님 ♥ U

'존왕양이'야!
쉽게 말하면 환공 고양이를
'주나라 덕후'로 만드는 것이었어!

---

8) 존왕양이(尊王攘夷) : 왕을 높이고, 오랑캐를 배척한다. ― 역주.

예를 들어 무조건 주나라 천자를 지지하고,
매일 천자를 응원하게 하고

유일무이
주나라
천자님!

최고의
전투왕!

'존왕'이라는 것은
표면적으로는 주나라
천자를 받드는 것이지만,
사실상 천자의 영향력을
이용해 제후들을
통제하는 것이었다.
인민교육출판사
《의무교육 과정 표준 실험
교과서·7학년 상권》

천자에게 반역하는 자들을 모두 죽였지.

너희들이 천자님의
노고를 알아?

어디 한번
해보시지!

'양이'는 주변 소수민족들의
공격을 막는 것이었다.
인민교육출판사 《의무교육 과정
표준 실험 교과서 · 7학년 상권》

이런 극성맞은 '덕질'을

사랑해요!

사랑해요!

응원 할게

주나라 천자는 기뻐했고
(주나라가 당신을 좋아합니다.)

> 주나라 천자가 수백 년 동안
> 허울뿐인 자신의 자리를
> 유지할 수 있었던 것은
> 분명 그(제환공) 덕분이다.
>
> 퉁쑤예(童書業) 《춘추사(春秋史)》

주나라의 '허락'을 받았기 때문에
환공은 무슨 일을 하든 자연스럽게 '명분'이 생겼어!

> 송(宋)나라가 제나라를 배신하자 환공은
> 왕명을 빌려 다시 제후국들을 모아
> 송나라를 공격해 굴복시켰다.
> 이때 왕실에서도 내란이 일어났다. …
> 주나라 왕도 소백10)을 파견해
> 제환공에게 위(衛)나라를 정벌해
> 퇴(頹) 왕자11)를 왕위에 올린 죄를
> 물으라는 명령을 내렸다. …
> 제환공은…왕의 명을 받아…
> 왕명으로 그 죄를 물었다.
>
> 퉁쑤예(童書業) 《춘추사(春秋史)》

언정이순9)

예를 들어 이민족이
다른 제후 친구를 공격하면

> 산융12)이 연(燕)나라를
> 공격하자 연나라는
> 이를 제나라에
> 급히 알려왔다.
>
> 《사기(史記)·
> 제태공세가(齊太公世家)》

---

9) 언정이순(言正理順) : 명분이 옳으면 말도 이치에 맞는다. - 역주.
10) 소백(召伯) : 주(周)나라 문왕(文王)의 아들. - 역주.
11) 퇴(頹) 왕자 : 주나라 장왕(莊王)의 서자, 동주(東周)의 비정통 왕. - 역주.
12) 산융(山戎) : 중국 춘추시대에 산시성(山西省) 타이위안(太原)에 살았던 고대 민족. - 역주.

온 세상을 다스리는 패왕의 등장

그가 군사를 이끌고 가서 이민족을 혼쭐 내주었고

제환공이 연나라를
구하러 가서
산융을 정벌하고
《사기(史記)·
제태공세가(齊太公世家)》

큰 제후국이 작은 제후국을 괴롭히면

초(楚)나라
영윤[13] 원(元) 공자가
또 600승의 병거를 이끌고
정(鄭)나라를 치러 갔다.
퉁쑤예(童書業)《춘추사(春秋史)》

또 군사를 이끌고 가서 혼쭐을 내주었어.

이때, 제나라,
노나라, 송나라 등
제후국들의 군대가
정나라를 지원하기 위해
달려왔다.
퉁쑤예(童書業)
《춘추사(春秋史)》

이런 '둘도 없는 우리 형'과 같은
이미지가 만들어지고 나니

환공 고양이는 점점 제후들의 큰형님이 되어갔어.

그렇게
환공이
첫 패주(霸主)가
되었다.
《사기(史記)》

매번 새로운 소식을 브리핑 할 때마다
제후 친구들이 모두 모여 지지해주었지.

7년, 제후들이
견[14]에서 환공과 만나
회합을 맺었고
《사기(史記)·
제태공세가(齊太公世家)》

---

13) 중국 춘추시대 초나라 때의 정치를 맡은 최고 관위의 벼슬 이름. – 역주.
14) 견(甄) : 지금의 산동(山東)성의 쥐안청(鄄城). – 역주.

온 세상을 다스리는 패왕의 등장

심지어 나중에는
주나라의 천자도 증표를 보냈어.

35년 여름, 제후들과
규구[15]에서 만나 회합을 맺었다.
주 양왕(襄王)이 제공[16]을 보내
환공에게 문왕(文王)과 무왕(武王)께
제사 드린 고기와 주홍색 화살,
천자가 타는 수레를 내렸다.
《사기(史記)·제태공세가(齊太公世家)》

이는 제후들이 그를 대장으로 인정한다는 뜻일 뿐만 아니라,

주나라 천자조차도
"네가 짱이야. 말만 해"라고
인정해야 했다는 뜻이야.

주 양왕이… 이를
엎드려 절하지 않고도
받을 수 있게 했다.
《사기(史記)·
제태공세가(齊太公世家)》

이렇게 되자 환공 고양이는 조금 우쭐대기 시작했어.

심지어 주나라 천자의 증표를
서서 받으려고 했지.

벌떡

환공은 그렇게 하려고 했다.
《사기(史記)·
제태공세가(齊太公世家)》

하지만⋯ 다행히 '무서운' 관중 고양이가
지켜보고 있어서

관중이 "안 됩니다."
라고 말했다.
《사기(史記)·
제태공세가(齊太公世家)》

주나라
덕후

잊었냐?

---

15) 규구(葵丘) : 지금의 허난(河南)성 란카오(蘭考)현. - 역주.
16) 제공(宰孔) : 주나라 양왕 시절 최고 벼슬을 지낸 인물. - 역주.

환공 고양이는 겸손하게 증표를 받았어.

바로 절을 하고 받았다.
《사기(史記)·
제태공세가(齊太公世家)》

이는 표면적으로는 세상 만물의 주인인 주나라 천자의 위엄을
널리 알리는 것이었지만,

사실은 그저 그 '선'을 넘지 않는 것뿐이었어.

그 당시, 주나라 천자의
실질적인 힘은 이미
사라진 상태였지만,
표면적으로 그의 위엄은
오히려 이전보다 유난히
더 대단했다.
퉁쑤예(童書業)《춘추사(春秋史)》

환공 고양이는 자연스럽게 천자가 자신을
제후 가운데에서는 큰형님으로 인정하게 만들었어.

이는 사실상 제환공의
패주 지위를
인정한 것이었다.
바이서우이(白壽彝)
《중국통사(中國通史)》

또 이민족의 침입을 막고,
제후들을 단결시키며,
주나라 왕을 존중하면서,

자신의 명성을
최정상으로 올려놓았고,

'나쁜 사람들이 같이 나쁜 짓을 한다', '제후들끼리 친밀해야 한다'라는
주장을 내세우면서 중원에서 제나라의 위신을 높였다.
바이서우이(白壽彝)《중국통사(中國通史)》

온 세상을 다스리는 패왕의 등장

그렇게 자신이 춘추시대의
첫 번째 패주라는 사실을 굳혀버렸어.

이로 인해 환공은 '천자를 끼고 제후들을 호령할 수 있게' 되었다.
… 제환공은 점차 중원의 패주가 되었다.

바이서우이(白壽彝)《중국통사(中國通史)》

그의 '존왕양이' 방식은
봉건제도의 표면적인 안정을 지켰을 뿐만 아니라,
패주가 봉건제도의 새로운 중심이 되게 만들었어.

옛 중심   새로운 중심

패왕의 정치가 시작되면서 봉건제도의 마지막 숨이 다시금 겨우 연장되었다.
패왕의 정치는 봉건제도의 새로운 중심이었고, 이는 제나라로부터 시작되었다.

전목(錢穆)《국사대강(國史大綱)》

주나라 왕의 지위가 점점 낮아지던 상황에서
제후들을 단결하고
새로운 사회 질서를 세운 것이지.

당시의 객관적인 조건과
'존왕양이'의 슬로건으로
황하 중류에 위치한
제후국들을 연합시켰다.
바이서우이(白壽彝)
《중국통사(中國通史)》

하지만 이는 누구든지 힘만 세다면
얼마든지 새로운 패주가
될 수 있다는 것을 의미했어.

그렇다면 춘추의 난세 속에서
다음 패주는 누가 되었을까?

이어서 계속

온 세상을 다스리는 패왕의 등장

'춘추오패'는 춘추시대에 잇따라 나타나 패왕으로 불렸던 5명의 제후를 뜻한다. 춘추오패에 해당하는 제후들에 대해서는 지금까지도 다양한 주장들이 있지만, 가장 유력한 주장은 다음의 두 가지다. 바로 제환공, 진문공, 진목공, 송양공, 초장왕(《맹자》 조기(趙岐) 주(注), 《여람(呂覽)》 고여(高誘) 주(注))으로 구성되는 경우와 제환공, 진문공, 초장왕, 오왕합려, 월왕구천(《순자(荀子)》)으로 구성되는 경우다. 패주는 각국의 관계를 조정하고 속국의 이익을 보호하는 책임을 맡게 되었다.

환공 역 - 물만두

관중 역 - 라면

참고 문헌 : 《사기(史記)》, 《맹자(孟子)》, 《관자(管子)》, 퉁쑤예(童書業) 《춘추사(春秋史)》, 바이서우이(白壽彝) 《중국통사(中國通史)》, 꾸지에깡(顧頡剛) 《국사강화(国史讲话)》, 전목(錢穆) 《국사대강(國史大綱)》, 인민교육출판사 《의무교육 과정 표준 실험 교과서·7학년 상권》, 인민교육출판사 《의무교육 과정 표준 실험 교과서·7학년 하권》

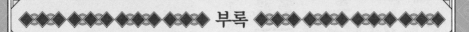

제나라의 선조 강태공

제나라의 첫 번째 지도자는 강태공 여상(呂尙)이었어. "원하는 사람은 걸려들게 되어 있다"라는 말을 했던 바로 그분이야. 강태공은 무왕을 도와 나라를 세우는 데 성공하고 제후라는 작위를 받게 되었어.

공자의 이상형

공자는 관중을 너무 좋아했어. 그의 '존왕양이'가 주나라의 예법과 예식을 지켜주었을 뿐만 아니라 중원의 문화도 보호했기 때문이야.

법가의 시작

관중은 제나라의 법을 개혁해서 더욱 엄격하게 만들었어. 그래서 어떤 이들은 그가 법가의 시작이었다고 생각하고 있어.

야옹이들의 프로필

<정의로운 물만두>

<운동의 달인>

그 소녀를 풀어줘!

헤딩

그 친구를 풀어줘!

드리블

그 새를 풀어줘!

슈팅!

물만두는 정의감으로 가득 찬 아이예요.

이거 봐, 내가 도와주러 갈 거야!

바보야!

잘 좀 봐. 이거 우리 골대잖아.

바보야!

물만두

양자리
생일 : 4월 1일
키 : 177㎝
가장 좋아하는 꽃 : 재스민
가장 좋아하는 음식 : 치킨
성격 : 아이 같은 면이 조금
있지만, 적극적이고 활력이
넘친다.

(인간 물만두 소개)

물만두의 도시락

제 15 장

●

오랜 시간 인내로 우뚝 선 중이

춘추시대 5명의 패주는
그 기세와 영향력이 엄청났어.

제환공, 진문공, 초장왕, 오왕합려,
월왕구천은 모두 다 외지고
황량한 나라의 왕들이지만,
그 위엄이 천지를 진동시키고
강력함이 중원의 나라들을
위태롭게 한 것에는
다른 이유가 있는 것이 아니라
신임을 받았기 때문이었다.

《순자(荀子)·왕패》

그들은 각자 그 당시 자신이 있던 곳에서
수많은 영웅을 호령하고 기세가 엄청났던 고양이들이었지!

그중 가장 강한 제후는
다른 제후들을 압박해
자신을 우두머리로
인정하게 만들고 '패주'가 되었다.
인민교육출판사《의무교육 과정
표준 실험 교과서 · 7학년 상권》

하지만 이 오패 중에서
조금 안쓰러워 보이는 고양이가 있었는데…

그는
바로 그 유명한 진문공, 중이(重耳) 고양이야!

진문공
중이

중이 고양이는 어려서부터 재능이 많고,
공부하는 것을 좋아했으며,

공부의 신

중이가…유능했다.
《사기(史記)·진세가(晉世家)》

공부하는 것을 좋아해서
딴생각을 하지 않았다.
《좌전(左傳)·
소공 13년(昭公十三年)》

주위에는 항상
재능 있는 친구들이 많았어.

탑을
밀어버려!

!

뒷길 막고
공격해!

공격!

5명의 선비가 따랐다.
선대부 자여(子餘)와 자범(子犯)은
가까이에서 모셨고,
위주(魏犨)와 가타(賈佗) 등은
팔다리와 같은 중신이 되었다.
《좌전(左傳)·소공 13년(昭公十三年)》

유능한 선비 다섯을 얻으니…
그 밖에 이름이 알려지지 않은
사람들이 수십 명이었다.
《사기(史記)·진세가(晉世家)》

오랜 시간 인내로 우뚝 선 중이

상식적으로는 이게 바로
'CEO*'가 될 고양이의 모습이지!

* CEO : 기업의 일을 책임지는 최고 담당자

하지만 하늘은 그에게 순조로운 시작을 허락하지 않았어.
(이 이야기는 조금 복잡한데 간단하게 훑어보자.)

중이는 여희[17]의 난 때문에
적(翟)나라로 도망쳤다.
《사기(史記)·조세가(趙世家)》

이 쓸모없는
녀석!

우선 그의 아버지의 첩이
그가 반란을 일으키고 있다고 모함했어.

뭐?!

여보, 쟤들은 다
나쁜 애들이에요….

여희가
태자 신생(申生)을 죽이고
두 공자도 모함했다.
《국어(國語)·진어(晉語)》

두 공자를 모함했다….
헌공은 두 아들이
인사도 없이 돌아간 것에
화를 내며 정말 반란을
일으킬 것이라고
생각했다.
《사기(史記)·진세가(晉世家)》

17) 여희(驪姬) : 중이의 아버지인 진헌공(晉獻公)의 첩. - 역주.

그래서 그의 아버지는 그를 죽이려고 했지!

> 군대를 보내 포읍[18]을 치게 했다.
> 《사기(史記)·조세가(趙世家)》
>
> 헌공은 내시 발제(勃鞮)를 보내
> 포읍에서 중이를 치게 했다.
> 《국어(國語)·진어(晉語)》

중이 고양이는 수년 동안 이리저리 숨어다녔어.

그러다 그의 아버지가 돌아가셨지.

> 22년, 공자 중이가 도망쳤다.
> 26년, 헌공이 죽었다.
> 《국어(國語)·진어(晉語)》

18) 포읍(蒲邑) : 당시 중이가 머물던 곳, 지금의 산시(山西)성 린펀(临汾)시 시(隰)현. - 역주.

오랜 시간 인내로 우뚝 선 중이

그리고 중이의 동생이 왕위에 올랐어….

제나라는 바로 습붕[19]을 시켜
진(秦)나라에 합류해
함께 이오를 입국시켜
진(晉)나라의 군주로 세우니
이가 혜공(惠公)이다.
《사기(史記)·진세가(晉世家)》

왕이 된 그의 동생은 당연히 형이
왕위를 뺏으러 돌아올까 봐 무서워졌어.

그래서 그의 동생도 중이를 죽이려고 했지.

빨리
찾아라!

혜공은…"중이가
나라 밖에 있고
제후들은 대부분
그를 귀국시키는 것이
유리하다고 생각한다"고
모의한 다음 사람을 보내
적나라에서
중이를 죽이려 했다.
《사기(史記)·진세가(晉世家)》

19) 습붕(隰朋) : 제나라 장공(莊公)의 증손이자 제나라의 대부. - 역주.

불쌍한 중이 고양이는 이렇게 나라 밖에서
여기저기 남에게 얹혀살았어.

자그마치 19년 동안
그는 적(翟)나라, 위(衛)나라, 제(齊)나라, 조(曹)나라,
송(宋)나라, 정(鄭)나라, 초(楚)나라를 다 돌아다녔지.

중이는 망명을 떠난 지
19년 만에 돌아왔다.
《사기(史記)·진세가(晉世家)》

적나라에 도착했다…
위나라를 지나는데…
제나라에 이르자…
조나라를 지나게 되었는데…
송나라를 지나게 되었다…
정나라를 지나게 되었는데…
초나라로 갔다.
《사기(史記)·진세가(晉世家)》

(너무 힘든 여정이었어! 진짜!)

오랜 시간 인내로 우뚝 선 중이

다행히 이 여정의 마지막에서
그는 드디어 벼랑 끝에서 다시 살아날 기회를 만나게 돼.

> (진(秦)나라는) 초나라에서
> 얹혀살던 진(晉)나라 공자
> 중이(重耳)를 맞아들였다.
> 《사기(史記)·진본기(秦本紀)》

그 기회를 준 게 바로 진(秦)나라야!

> 중이가 처음에는 사양했으나
> 나중에는 받아들였다.
> 진목공(秦繆公)은 더욱 후한
> 예물로 중이를 예우했다.
> 《사기(史記)·진본기(秦本紀)》

그 당시 진(晉)나라는 진(秦)나라에게 잘못한 일이 많았어.

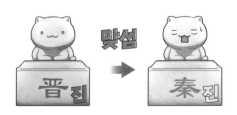

예를 들어 진(秦)나라에게 주기로 했던
땅도 주지 않았고,

진나라의 도움으로
혜공(惠公)이 자리에 올랐으나
땅을 주기로 한 약속을 어겼다.
《사기(史記)·진세가(晉世家)》

기근이 일어났을 때 진(秦)나라에게
도움을 요청해놓고

4년에 진(晉)나라에
기근이 생기자
진(秦)나라에
식량을 사겠다고
부탁했다···
마침내 식량을 보냈다.
《사기(史記)·
진세가(晉世家)》

진(秦)나라에서 기근이 발생하자

5년에 진(秦)나라에
기근이 들어 진(晉)나라에
식량을 사겠다고 부탁했다.
《사기(史記)·진세가(晉世家)》

오랜 시간 인내로 우뚝 선 중이

오히려 진(秦)나라를 공격하기도 했지.

진(秦)나라에 식량을 팔지 않고
오히려 군대를 일으켜
진(秦)나라를 정벌했다.
《사기(史記)·진세가(晉世家)》

오랜 시간 참아왔던
진(秦)나라는 결국 폭발했어.

진(秦)나라가 크게 노했다.
《사기(史記)·진세가(晉世家)》

그래서 이왕 마음먹은 거 끝장을 보자는 마음으로
지금의 진(晉)나라 왕을 없애버리기로 결심하고

중이 고양이를
왕으로 만들어주려고 했지.

중이 고양이에게 이 일은
오랜 가뭄 끝에 만난 단비와 같았어!

진(秦)나라라는 '든든한 빽'은
중이 고양이가 매달리지 않아도 자동으로 그를 왕좌에 앉혀 주었어.

20) 자어(子圉) : 혜공의 아들. - 역주.

좋은 옷과 음식뿐만 아니라,

진목공은 중이를
왕처럼 예우했다.
《국어(國語)·진어(晉語)》

다섯 명의 여자를 주어 아내로 삼게 해주었지!

중이가 진(秦)나라에 이르자
진나라 목공(穆公)은
왕족 여자 다섯을
중이의 아내로 삼게 했다.
《사기(史記)·진세가(晉世家)》

이렇게 중이 고양이는 진(秦)나라의 도움으로
진(晉)나라를 칠 수 있었어.

공격하라!

이에 진(秦)나라 목공은
군사를 내어
중이가 진(晉)나라로
돌아가는 것을 도왔다.
《사기(史記)·진세가(晉世家)》

그렇게 그는 진(晉)나라의 22번째 왕이 되었고,
그가 바로 진문공(晉文公)이야!

무궁[21]에서 조회하고
진(晉)나라의 왕이 되었다.
이 사람이 바로
문공(文公)이었다.
《사기(史記)·진세가(晉世家)》

그해에 중이 고양이는 이미 36세였어….
(나이 먹은 노인이었지 … 옛날에는 30세만 되도 노인이라고 했으니까…)

나이를 먹으면서 세상 풍파를 겪고 보니,
삶이 평안해… 아늑하고 여유가 넘쳐.

비록 나이는 조금 들었지만…
뭔가를 해내겠다는 큰 뜻은 사라지지 않았지.

업적…
업적…

21) 무궁(武宮) : 진무공(晉武公)의 사당. - 역주.

오랜 시간 인내로 우뚝 선 중이

중이 고양이는 앞서 패주였던 제환공의 방식을 본받기로 했어.
'존왕양이'로 패주의 자리에 오를 방법을 찾기로 한 거야.

> 진(晉)나라 왕은
> 제환공의 업적을
> 이어받아 천자를
> 도우려고 했으니
> 큰 뜻이 있었던 것이다.
> 《진문공 문수원의
> (晉文公 問守原議)》

하지만 아직 어떻게 해야 할지 정하지도 못했는데
주나라 천자가 내부의 반역자 무리에 의해 살해당할 위기에 놓였어.

> 주나라 양왕(襄王)의
> 동생 대(帶)가 난을 일으켜
> (양왕은) 정나라로 도망쳐
> 진(晉)나라에 위급함을 알렸다.
> 《사기(史記)·진세가(晉世家)》

중이 고양이는 급히 군사를 이끌고 가서 반역자 무리를 처리하고

진문공은 양왕을
맞이하는 한편
대(帶)를 죽였다.
《사기(史記)·주본기(周本紀)》

주나라 천자를 수도까지
안전하게 보호해 데려다주었어.

진(晉)나라가 병사를 출동시켜
양번에 이르러 온(溫)나라를
포위한 다음 양왕을 주나라로
입국시켰다. 4월에 양왕의
아우 동생 대(帶)를 죽였다.
《사기(史記)·진세가(晉世家)》

이 임무를 완수하면서
진(晉)나라는 주나라 천자에게 사랑받게 되었어.

그리고 큰 땅도 받게 되었지.

주나라 양왕은 양번[22] 땅을
진(晉)나라에게 주었다.
《사기(史記) · 진세가(晉世家)》

'국제적인 지위'도 한 번에 많이 올랐어.

중원의 제후국들 중
진(晉)나라의 위세가 높아졌다.
바이서우이(白壽彝)
《중국통사(中國通史)》

주나라의 '사랑'도 얻었고,
나라 땅도 넓어졌으니…
이제 어떻게 하면
패주가 될 수 있을까?

22) 양번(陽樊) : 지금의 허난(河南)성 지위안(済源)시. - 역주.

당시의 상황을 보면, 이전 패주는 이미 없는 상태였고,

당시, 제환공이 죽고
중원에 주인이 없었다.
꾸지에깡(顾颉剛)
《랑커우촌 수필(浪口村隨筆)》

진(晉)나라가 패주가 되는 데 가장 큰 적은
바로 남쪽에 있는 초나라였어.

진문공은 중원의
패주가 되고 싶었기 때문에
반드시 먼저 초나라로
칼끝을 겨눠야 했다.
바이서우이(白壽彝)
《중국통사(中國通史)》

초나라는 여러 작은 나라들을 흡수하고
기세가 등등해진 상태였어.

이때 초나라의 세력은
거의 중원 전체에 뻗쳐 있었다.
퉁쑤예(童書業)《춘추사(春秋史)》

한수[23] 북쪽의 희(姬)씨 성을
가진 이들의 나라는
초나라가 모두 멸망시켰다.
《좌전(左傳)·소공13년(昭公十三年)》

---

23) 한수(漢水) : 중국 화중(華中 – 중국 중동부의 후베이(湖北)·후난(湖南)·장시(江西) 3성을 포함
하는 양쯔강(揚子江) 중류와 그 지류 유역 일대) 지역을 흐르는 강. - 역주.

오랜 시간 인내로 우뚝 선 중이

한 발자국씩 중원을
침범하기 시작했지.

초(楚)나라는 진(陳)나라, 채(蔡)나라, 정(鄭)나라, 허(許)나라를 이끌고
송(宋)나라를 정벌했고, 노(魯)나라도 초나라의 군대를 빌려 제(齊)나라를 정벌했다.
제환공의 7명의 아들이 초나라의 대부[24]였기 때문에 그 당시 초나라는
자신의 세력을 불려서 중원의 패주가 되려 하고 있었다.
꾸지에깡(顾颉刚)《랑커우촌 수필(浪口村隨筆)》

초나라가 송나라를 포위하자 송나라는 진(晉)나라에 위급함을 알렸다.
《사기(史記)·진세가(晉世家)》

초나라의 군대는 정말 강력했어!
하지만 이렇게 코앞까지
초나라가 밀고 들어오는데도
중이 고양이는 전혀 두려워하지 않았지.

두 군대는 성복[25]이라는 곳에서 전쟁을 벌였어.

기사(己巳)일, 진(晉)나라와
초나라의 군대가 맞붙어 싸우니
초나라의 군대가 패했고,
득신[26]은 남은 병사들을 거두어
돌아갔다.
《사기(史記)·진세가(晉世家)》

24) 대부(大夫) : 귀족 신분 또는 높은 관직을 나타내는 말. - 역주.
25) 성복(城濮) : 현재의 산둥(山東)성 푸(濮)현. - 역주.
26) 득신(得臣) : 성득신(成得臣), 초나라 장수. - 역주.

결국 초나라 군대가 패했지.

성복전쟁에서
초나라 군대가 패했다.
퉁쑤예(童書業)
《춘추사(春秋史)》

중이 고양이는 패주를 놓고 경쟁하던 장애물을 없앴을 뿐만 아니라
중원 지역의 평화도 지켰어.

오랑캐를 물리치는
'양이'의 임무를 완수한 거지.

성복전쟁에서 초나라 군대가
패했다. 남쪽의 오랑캐 세력이
중원에서 물러나고, 북쪽
오랑캐의 힘이 점점 약해지면서
중화민족의 나라와 문화의
생명이 계속 유지될 수 있었다.
이는 진문공의 커다란 공이다!
퉁쑤예(童書業)《춘추사(春秋史)》

오랜 시간 인내로 우뚝 선 중이

두 가지 주된 임무를 완수하면서 중이 고양이는 모든 단계를 통과하고
제후들 중 가장 꼭대기에 설 수 있었어.

*만렙 : 최고 레벨

그는 제후들과 회합을 통해 새로운 패주의 자리에 올랐어.

천자는 왕자호를 보내
진문공을 패주로 선포하고…
그렇게 해서 진문공은
패주로 불리게 되었다.
계해(癸亥)일에 왕자호[28]가
제후들과 왕궁에서
회합을 맺었다.

《사기(史記)·진세가(晉世家)》

중이 고양이의 인생 그래프는
기복이 매우 심하다고 할 수 있어.

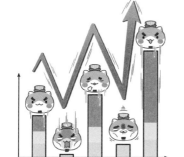

나라 밖에서 망명하는
19년 동안 매우 힘들었다.

《사기(史記)·진세가(晉世家)》

---

27) 천토지맹(踐土之盟) : 진문공이 제후들을 천토, 지금의 허난성(河南省) 지역에 모아서 주나라의 천
자를 공경하고 조공할 것을 맹세함. - 역주.
28) 왕자호(王子虎) : 주나라 귀족. - 역주.

그의 운명에는 우여곡절이 많았지만
그에겐 강력한 의지와 예민한 정치 감각이 있었어.

그래서 그 거센 불길 속을 뒹굴면서도
대기만성형 인생을 만들어낸 거야.

> 중이가 처음에는 뜻을
> 얻지 못했으나
> 결국에는 패왕이 되었다.
> 《사기(史記)·
> 태사공자서(太史公自序)》

200년이 넘는 춘추의 난세 속에서 역사의 수레바퀴는 끊임없이 돌아갔어.
그럼 다음 패주는 또 누구였을까?

맞혀봐!

이어서 계속

《사기(史記)》에 따르면, 진문공은 34세부터 도망을 다니기 시작해 다시 진(晉)나라로 돌아왔을 때 62세였고, 70세에 생을 마감했다. 하지만 《사기(史記)·조세가(趙世家)》에서는 진문공이 '나이 들기 전에 죽었다'라고 나와 있어서 《사기》의 내용과는 다르다는 것을 알 수 있다. 《좌전(左傳)》, 《국어(國語)》 등에서는 진문공이 17세부터 36세까지 도망을 다녔고, 44세에 사망했다고 나와 있다. 현대의 유명한 학자 왕위저(王玉哲), 양바이쥔(楊伯峻), 꾸지에깡(顾颉刚) 등은 모두 17세부터 도망 다녔다고 보는 것이 정확하다고 말하고 있다. 이 책은 이 주장을 근거로 사용했다. 진문공은 나라 밖에서 도망 다닌 19년 동안 무례한 대우를 수없이 받았다. 예를 들어 위나라에서는 먹을 것을 요청하자 흙덩이를 받은 적도 있고, 조나라에서는 중이의 갈비뼈 사이에 틈이 없이 하나로 붙어 있다는 소문을 들은 조나라 왕이 그가 목욕하는 모습을 몰래 훔쳐보기도 했다. 하지만 운이 좋을 때도 있었다. 예를 들어 제나라, 송나라, 초나라의 왕은 중이가 유능하다는 소문을 듣고 그를 잘 예우해주기도 했다.

진문공 역 - 꽈배기

참고 문헌 : 《순자(荀子)》, 《사기(史記)》, 《좌전(左傳)》, 《국어(國語)》, 퉁쑤예(童書業) 《춘추사(春秋史)》, 류중위안(柳宗元) 《진문공 문수원의(晉文公 問守原議)》, 바이서우이(白壽彝) 《중국통사(中國通史)》, 꾸지에깡(顾颉刚) 《랑커우촌 수필(浪口村隨筆)》

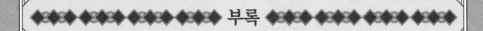
중이의 수모

진문공은 도망을 다니던 시절에 많은
수모를 당했어. 예를 들면, 조나라에
서 중이의 갈비뼈 사이에 틈이 없이
하나로 붙어 있다는 소문을 들은 조
나라 왕이 그가 목욕하는 모습을 몰래
훔쳐보기도 했어.

혼혈아

진문공은 혼혈아야. 그의 아버지 진
헌공은 처음으로 이민족과 결혼했
어. 진헌공은 적나라 호(狐) 씨 여자
인 호희(狐姬)를 아내로 맞아 진문공
을 낳았어.

마음을 돌리다

진문공이 도망을 다니다가 제나라에
있을 때, 제나라에서 만난 부인을 너
무 좋아해서 그곳을 떠나지 않으려고
했어. 다행히 아내가 그를 설득해 마
음을 돌리게 한 덕분에 다시 여정을
시작할 수 있었어.

야옹이들의 프로필

<누구 말을 들어야 하지?>

<불쌍한 꽈배기>

꽈배기

염소자리
생일 : 12월 24일
키 : 178cm
가장 좋아하는 꽃 : 데이지
가장 좋아하는 음식 : 라면
성격 : 낯을 가리는 편이지만
착하고, 겁은 많지만 강인하다.

(인간 꽈배기 소개)

꽈배기의 도시락

제 16 장

•

백성들을 깜짝 놀라게 한 장왕

초나라는

선조가 황제의 후손이라는 이야기가 전해지고 있어.

초(楚)나라의 선조는
고양 씨[29]에서 나왔다.
고양은 황제[30]의 손자이자
창의[31]의 아들이다.

《사기(史記)·초세가(楚世家)》

서주(西周)가 초기에 제후들에게 땅을 나눠주고 다스리게 하면서
남쪽에 초나라가 생기게 되었지.

웅역(熊繹, 중국 초나라의 제1대 군주)은
주나라 성왕(成王) 때의 사람이다.
성왕이 문왕(文王)과 무왕(武王)을
위해 애썼던 후손들을 추천하면서
웅역은 초나라 지역을
받아 다스리게 되었다.

《사기(史記)·초세가(楚世家)》

---

29) 고양 씨(高陽氏) : 전욱(顓頊 – 중국 고대의 전설상의 임금 5명 중 하나. 고양 씨라고도 불린다). –
역주.
30) 황제(黃帝) : 중국 신화 속 신, 서양의 제우스 같은 존재. - 역주.
31) 창의(昌意) : 하늘에서 죄를 짓고 인간세계에 내려온 황제의 아들. - 역주.

초나라는 땅도 크고 풍족했지만,

남쪽 오랑캐의 땅에 위치하고 있어서
늘 중원에 있는 나라들에게 무시를 당했어….

춘추시대에 중원의 제후국들은
오랑캐로 취급했지만,
중원 국가들에 맞설 수 있는
나라는 초나라뿐이었다.
뤼쓰미안(呂思勉)《선진사(先秦史)》

이런 상황은 어떤 '패주'가 등장하고 나서야
바뀌기 시작했어.

백성들을 깜짝 놀라게 한 장왕

그는 바로 역사 속 그 유명한 춘추오패 중 하나인
초나라 장왕(莊王) 고양이야!

춘추오패 중 제환공을 제외하면 초장왕의 군대가 가장 강했으며
그는 인품 또한 바른 사람이었다.

뤼쓰미안(呂思勉)《선진사(先秦史)》

장왕 고양이는 일생이 '방탕' 그 자체였어.

어떻게 말해야 할까?

(그가 막 즉위했을 때의 이야기부터 해보자.)

장왕 고양이가 막 즉위했을 때
사실 그는 아직 20세도 되지 않은 어린애였어.

장왕이 갓 관례를 치렀을 때
《국어(國語)·초어(楚語)·상》

갓 관례를 치러 아직
20세가 채 되지 않았을 때
《국어(國語)·초어(楚語)·상》
위소(韋昭) 주(注)

그때 초나라라는 '회사'는 불안정한 시기였어…

그가 막 즉위했을 때,
나라가 매우 불안정했다.
바이서우이(白壽彛)
《중국통사(中國通史)》

전반적으로 말하면,
안으로는 신하들이
권력 싸움을 하고 있었고

장왕이 즉위했을 때,
귀족들의 분쟁으로 인해
국정을 다스릴 수 없었다.
바이서우이(白壽彛)
《중국통사(中國通史)》

장왕 초기에 초나라에서는
귀족들의 폭동이 수차례 일어났다.
젠보짠(翦伯贊)
《중국사 요강(中國史綱要)》

백성들을 깜짝 놀라게 한 장왕

밖으로는 외적이 쳐들어와 소란을 피웠지.

> 주위의 남만[32], 백복[33], 용인[34]이
> 그 틈을 타 소란을 일으키니
> 그 기세가 심각했다.
> 바이서우이(白壽彝)
> 《중국통사(中國通史)》

장왕 고양이 CEO(사장님)는 당연히 마음이 심란했어….

어떻게 하면 좋지?
장왕 고양이는 그냥 먹고 마시고 놀기 시작했어!

> 장왕은 왕이 되고 3년 동안
> 아무런 명령도 내리지 않고
> 밤낮으로 놀기만 했다.
> 《사기(史記)·초세가(楚世家)》

---

32) 남만(南蠻) : 남쪽의 오랑캐. - 역주.
33) 백복(百濮) : 서남쪽에 살던 소수민족. - 역주.
34) 용인(庸人) : 지금의 후베이(湖北)성 주산(竹山)현 서남쪽에 위치하던 용(庸)나라 사람. - 역주.

???

잘못 들은 게 아냐….
그는 '집돌이*'가 되어버렸어….

(초장왕은) 나라의 중요한
일들에 대해 전혀 관심이
없다는 듯이 하루 종일 사냥하고
술 마시며 노래 부르고
춤추며 마음껏 놀았다.

《중국국가지리백과사전》

* 집돌이 : 집에 있는 것을 좋아하고, 일하는 것은 귀찮아하는 고양이.

그리고 이런 명령을 내렸어.

나라에
"누구든 감히
말하는 자는
용서하지 않고
죽음에 처하겠다!"고
명령했다.
《사기(史記)·초세가(楚世家)》

감히 내게
충고하려 들면
목을 쇠겠다!

그래서 신하들은 모두 어쩔 줄 몰라 했어.

이러다 나라가
망하겠어!

초나라 장왕은…
명령을 내린 적도,
정사를 돌본 적도 없었다.

《한비자(韓非子)·유로(喩老)》

이때, 한 충신이 도저히 참을 수 없어서…
장왕 고양이에게 깨달음을 줘야겠다고 생각했어.

대왕! 신이 드릴 말씀이 있습니다!

오거(伍舉)가 들어와 말했다…
대부 소종(蘇從)이 들어와 말했다.
《사기(史記)·초세가(楚世家)》

충신은 이렇게 말했어.
"어떤 새 한 마리가 3년 동안 날지도, 울지도
않았습니다. 이 새는 무슨 새일까요?"

오거가 "'언덕의 새 한 마리가
3년 동안 날지도, 울지도 않는다.
어떤 새인가?'라는 수수께끼가
있습니다"라고 했다.
《사기(史記)·초세가(楚世家)》

그러자 장왕 고양이가 웃으면서 말했어.
"3년 동안 날지 않았다면 날면 하늘을 찌를 것이고,
3년 동안 울지 않았다면 울면 고양이를 놀라게 할 것이다."

일비충천[35]
一飞冲天

장왕이 "3년 동안 날지 않았다면
날았다 하면 하늘을 찌를 것이고,
3년 동안 울지 않았다면 울었다 하면
사람을 놀라게 할 것이오"라고 말했다.
《사기(史記)·초세가(楚世家)》

---

35) 일비충천(一飛沖天) : 날았다 하면 하늘을 찌른다. - 역주.

오잉?
전혀 게으른 '집돌이' 같지 않은걸!

후훗!

사실 장왕 고양이는
겉으로만 집돌이인 척한 거였어.

장왕은 왼팔로는 정희(鄭姬)를,
오른팔로는 월녀(越女)를 껴안은 채
음악에 둘러싸여 앉아 있었다…
몇 달이 지났지만 제멋대로
행동하는 것이 더 심해졌다.
《사기(史記)·초세가(楚世家)》

겉모습

속으로는 누가 충신이고,
누가 간신인지 관찰하고 있었지.

속마음

장왕과 위왕[36] 모두
거대한 계획이 있었다.
일부러 향락에 빠진 것처럼
행동하며 신하들을 관찰했다.
《사기회주고증(史記會注考證)》
명나라 시인 쉬푸위앤(徐孚远) 인용

36) 위왕(威王) : 제나라 4대 왕 - 역주.

그리고 때가 되자,

이게 바로 '일명경인'[37]이라는 사자성어의 유래야.

죽임을 당한 자가 수백이요,
기용된 자도 수백이었다.
오거와 소종에게
나라의 정치를 맡겼다.
《사기(史記)·초세가(楚世家)》

장왕 고양이의
'방탕한' 플레이 덕분에

(일명경인은) 평소에는 별다른
행동을 하지 않던 사람이
갑자기 사람을 놀라게 할 만한 일을
해내는 것을 비유하는 말.
상무출판사
《현대한어사전(現代漢語詞典)》

37) 새가 한 번 울면 사람을 놀라게 한다. – 역주.

초나라 회사의 주식은 순식간에 몇 번이나 상승했어.

초장왕은 뛰어난 재능과
거대한 계획을 가졌던 왕이었다…
정치를 개혁하고 생산에 힘썼다.

바이서우이(白壽彝)
《중국통사(中國通史)》

이로써 장왕 고양이는 다시금 고양이들에게 믿음을 얻었지.

좋았어!

《좌전(左傳)》에 따르면 그가 내정을 일부 개혁했기 때문에
통치 집단 안에서의 마찰이 줄어들 수 있었다고 한다. 그 외에 생산에
있어서도 어느 정도 발전을 이뤄서 "돌아다니며 물건을 파는 행상이든,
농민이든, 일꾼이든, 한곳에 가게를 내고 장사하는 좌상(坐商)이든 다 자신의
직업을 게을리하지 않았다." 초나라의 세력이 이로 인해 단번에 강해졌다.

젠보짠(翦伯贊)《중국사 요강(中國史綱要)》

내정은 이미 안정되었으니
이제 외세 문제를 해결할 차례였어.

백성들을 깜짝 놀라게 한 장왕

마침 당시 주위의 오랑캐들이 초나라에 기근이 생긴 틈을 타
너도나도 몰려와 트집을 잡기 시작했어.

초나라에 큰 기근이 들자
융(戎)나라 사람들이 초나라의
서남쪽을 쳐서 부산[38]까지
이르고 대림[39]에 주둔했다.
《좌전(左傳)·
문공 16년(文公十六年)》

남이 위급할 때를 틈타서 한몫 챙기려는 녀석들을 보고
장왕 고양이는 나가서 그들을 혼쭐 내줘야겠다고 결심했어.

"차라리 용을 치는 게
낫습니다." … 그래서
군대를 보냈다.
《좌전(左傳)·
문공 16년(文公十六年)》

결국 오랑캐들을 다 무찔렀고,

용나라 사람들은
다른 오랑캐들을 이끌고
초나라를 배반했으며…
초나라는 마침내
용나라를 멸망시켰다.
《좌전(左傳)·
문공 16년(文公十六年)》

---

38) 부산(阜山) : 지금의 후베이(湖北)성 징먼(荊門)현. − 역주.
39) 대림(大林) : 지금의 후베이(湖北)성 징먼(荊門)현. − 역주.

겸사겸사 다른 작은 나라들도 정복해버렸지.
(26개국을 통일하고, 영토를 삼천 리나 확장…)

> (초나라) 장왕은
> 26개국을 통일해 영토를
> 삼천 리나 확대했다.
>
> 《한비자(韓非子)》

이런 전쟁에서 세운 업적 덕분에 장왕 고양이가 이끌던
초나라 군대의 기세는 정말 어마어마했어.

그들은 심지어 주나라 천자의
집 문 앞까지 가서 어슬렁거렸어.

문 열어봐!
물 한 통
넣어줄게!

> 낙하(洛河)강에 이르러
> 주나라의 교외에서
> 군을 살펴보았다.
>
> 《사기(史記)·
> 초세가(楚世家)》

백성들을 깜짝 놀라게 한 장왕

주나라 왕실이 쇠퇴했어도,
형식적으로는 '큰형님'인데….

하지만 장왕 고양이는 (신경도 안 쓰고) 직접 가서 물었어.

> 기원전 606년, 장왕은
> 육흔[40]에서 융을 정벌하고
> 주나라 교외에서 군을 살펴보았다.
> 그리고 사람을 보내 주나라 왕에게
> 구정[41]의 무게를 물으며
> 주나라를 정복하려 했다.
> 《좌전(左傳)·문공 16년(文公十六年)》

이건 누가 봐도 위협하는 말이잖아….
다행히 천자 고양이는 논리적으로 설명하고, 잘 달랬어.

> 주나라 정왕(定王)은 왕손만[42]을 보내 초왕을 위로했다… "이런! 군왕께서는
> 잊으셨습니까?… 덕이 선하고 밝으면 (정이) 아무리 작아도 무게가 나가지만,
> 간사하고 사악하면 아무리 커도 무게가 나가지 않습니다… 주나라의 덕이
> 쇠퇴하긴 했습니다만 천명은 아직 바뀌지 않았습니다.
> 정의 무게를 물어서는 안 됩니다!"
> 《좌전(左傳)·문공 16년(文公十六年)》

그러자 장왕 고양이는 포기했지….

> 초왕이 바로
> 돌아갔다.
> 《사기(史記)·
> 초세가(楚世家)》

'문정중원(問鼎中原)'이라는 사자성어도
이렇게 생겨난 거야.

> 초자(초장왕)가 솥의 무게를 물어서
> 주나라 왕의 권력을 빼앗아
> 천하를 다스리려는 의도를
> 나타낸다는 뜻이다.
> 이후 '문정'은 정권을
> 뺏으려는 계략을 세우는 것을
> 가리키는 말이 되었다.
> 상무출판사
> 《현대한어사전(現代漢語詞典)》

강력한 초나라 군대 덕분에 장왕 고양이는
승승장구하며 중원으로 들어갈 수 있었어.

---

40) 육흔(陸渾) : 지금의 허난(河南)성 뤄양(洛陽)시. – 역주.
41) 구정(九鼎) : 중국 하(夏)나라의 우(禹)임금이 구주(九州)에서 금을 거두어 만든 큰 솥을 말하는 것
으로 천자에게 대대로 내려오는 보물. – 역주.
42) 왕손만(王孫滿) : 주나라 대부. – 역주.

장왕 고양이는 심지어 오래된 강국인 진(晉)나라도 물리쳤어.

진(晉)나라가 정나라를
구하러 와서 초나라와 싸웠다.
초나라가 진나라를
황하에서 크게 물리치자
위옹(衛雍)에서 되돌아갔다.
《사기(史記)·
초세가(楚世家)》

수년간의 정벌을 통해…
중원 대부분의 제후국들이
장왕 고양이에게 머리를 숙였어.

초나라의 기세가
가장 강했던 때였다.
뤼쓰미안(呂思勉)《선진사(先秦史)》

송나라가 진(晉)나라에게
급히 알렸지만,
진(晉)나라는 초나라를
두려워하며 감히 군대를
보내지 못했다…
이때, 노나라, 송나라, 정나라,
진(陣)나라 모두 초나라에
복종했다.
바이서우이(白壽彝)
《중국통사(中國通史)》

형님!　　형님!

오랫동안 남쪽의 오랑캐로 불렸던 나라가
결국 장왕 고양이의 통치 속에
중원 제후들의 패주가 된 것이지!

이때, 송나라, 정나라 등의
나라들은 모두 초나라에
굴복했고, 장왕은 중원의
패주가 되었다.
젠보짠(翦伯贊)
《중국사 요강(中國史綱要)》

장왕 고양이가 성공할 수 있었던 것은 그의 배포 덕분이기도 했지만,
더 큰 이유는 바로 그의 지혜였어.

장왕은 사소한 일로 대의를
그르치지 않았기 때문에
큰 명성을 떨칠 수 있었고,
자신의 업적을 일찍 드러내지
않았기 때문에 큰 공을
세울 수 있었다.
《한비자(韓非子)·유로(喩老)》

난 머리가
좋아.

만약 초기에 인내하지 않았다면
나중에 정권을 잡는 일도 없었을 것이고,
초나라가 강대국이 되는 일은 더더욱 없었을 거야.

그래서 노자는 큰 그릇은
늦게 이루어지고,
큰 소리는 평소에는
소리를 내지 않는다고 말했다.
《한비자(韓非子)·유로(喩老)》

초나라가 초강대국으로 떠오르고 있을 때,
그 옆에서 작은 나라 하나가 소리 없이 커가고 있었어.
그게 어느 나라일까?

이어서 계속

백성들을 깜짝 놀라게 한 장왕

초장왕 역 - 떡

참고 문헌 : 《사기(史記)》, 《사기회주고증(史記會注考證)》, 《국어(國語)》, 《한비자(韓非子)》,
《좌전(左傳)》, 《중국국가지리백과사전(中國國家地理百科全書)》, 뤼쓰미안(呂思勉) 《선진사
(先秦史)》, 바이서우이(白壽彝) 《중국통사(中國通史)》, 젠보짠(翦伯贊) 《중국사 요강(中國
史綱要)》, 상무출판사(商務印書館) 《현대한어사전(現代韓語辭典)》

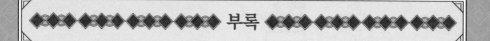
문정 : 구정의 무게를 묻다

주나라 천자의 구정은 권력의 상징
이었어. 초장왕이 구정의 무게를 묻
는다는 것은 사실 '구정을 옮기고'
싶다는 뜻, 즉 천자의 권력을 뺏겠다
는 뜻이야.

오랑캐의 나라

중원의 나라들은 모두 멀리 남쪽에
있는 초나라를 무시했고, 나중에는
초나라도 자포자기하고 스스로를
'오랑캐'라고 불렀지만 결국 패왕이
되었어.

납치 사건

초장왕이 막 즉위했을 때 국내
정치에 분란이 많았어. 심지어
장왕이 수도에서 납치된 적도 있
었는데 다행히 대신들이 제때 구
해줘서 살 수 있었지.

야옹이들의 프로필

<소문을 좋아하는 떡 1>

저 고양이가 전교 1등 하는 떡 선배야! 멋있다!

창밖을 바라보고 있는 모습도 너무 멋있다!

망원경?!

둘이 정말 사귀는구나. 나한테 딱 걸렸어!

저렇게 소문을 좋아하다니…

<소문을 좋아하는 떡 2>

소문 포착

저 둘이 사귄대.

그래?

내가 저 둘이 바람피운다고 말했잖아!

그러게!

슬금

대박!

그날 둘이 손잡는 것도 봤어!

슬금
슬금

나도 몰라.

근데 얘는 누구야?

떡은 소문에 아주 쉽게 빠져들어요.

떡

처녀자리
생일 : 9월 8일
키 : 181cm
가장 좋아하는 꽃 : 해당화
가장 좋아하는 음식 : 바나나
성격 : 소문을 좋아하고, 공부
하는 것을 좋아한다. 수다스
럽다.

(인간 떡 소개)

떡의 도시락

제 17 장

•

천하를 떨게 한 오나라 왕 합려

고대의 계승 방식은아버지의 뒤를 아들이,
형의 뒤를 아우가 잇는 것이었어.

하(夏)나라의 왕위 계승 방식은
아버지의 뒤를 아들이 잇는 것이었고,
상(商)나라는 형의 뒤를 아우가,
또는 아버지의 뒤를 아들이
잇는 것이었다. 주나라는
직계혈통 장자에게 계승하는
엄격한 제도를 세웠다.

장창신(張創新)
《중국정치제도사(中國政治制度史)》

아버지가 아들에게 왕위를 물려주거나

아비가 죽으면 아들이 뒤를 잇고
《사기(史記)·송미자세가(宋微子世家)》

아버지가 죽으면 아들이 계승한다.
장따커(張大可)
《사기(史記) 백화본(白話本)》

형이 아우에게 왕위를
물려주는 것이지.

춘추시대에… 초나라는 어린 아들에게 왕위를 계승하는 제도에서
직계혈통 장자만 왕위를 계승하는 제도로 점차 바뀌었다.
제나라는 가장 총애하는 부인의 아들이 왕위를 계승했다.
리위졔(李玉潔)《중국조기국가성질(中國早期國家性質)》

---

43) 형종제급(兄終弟及) : 형이 아들 없이 죽었을 때 아우가 뒤를 잇는다. – 역주.
44) 부사자계(父死子繼) : 아버지가 죽으면 아들이 뒤를 잇는다. – 역주.

혼란스러웠던 춘추시대에

어떤 나라는 아버지가 죽자
아들이 왕위를 계승했고,

춘추시대에… 초나라는
어린 아들에게 왕위를 계승하는
제도에서 직계혈통 장자만
왕위를 계승하는 제도로
점차 바뀌었다.
제나라는 가장 총애하는
부인의 아들이
왕위를 계승했다.

리위제(李玉潔)

《중국조기국가성질
(中國早期國家性質)》

어떤 나라는 형이 죽자
아우가 왕위를 계승했어.

선공(宣公)이 죽고,
동생인 화(和)가 자리에 오르니
이가 목공(穆公)이다.
《사기(史記)·
송미자세가(宋微子世家)》

또 어떤 나라는…
두 방법을 섞어서 사용했지….

아버지가 죽으면 아들이,
형이 죽으면 동생이
뒤를 잇는 것이
노나라의 정해진 법이다.
《사기(史記)·
노주공세가(魯周公世家)》

이 시기의 주인공은 바로 '운도 지지리도 없는'
직계혈통 장자 중 한 고양이.

오(吳)나라 왕, 합려(闔閭) 고양이야.

공자 광[45]은
왕 제번(諸樊)의
아들이다.
《사기(史記)·
오태백세가(吳太伯世家)》

45) 광(光) : 합려. – 역주.

이 이야기는 처음부터 시작해야 해.

(꼭 이렇게 할 말이 많다니까.)

합려 고양이는 어릴 때부터 꿈이 아주 컸어.

광에게 다른 마음이
있었다.
《사기(史記)·
오태백세가(吳太伯世家)》

꼭 큰일을 해내고 말겠어!

첫 번째로는 왕이 되고 싶었고,

내가 진짜 왕의 계승자로
올라야 하는 것이 당연하니
그렇게 하고자 한다.
《사기(史記)·
오태백세가(吳太伯世家)》

두 번째로는 패주가 되고 싶었어.

하지만 아쉽게도 그는
줄곧 왕이 되지 못했어.

그 이유는
바로 그의 집안에서 왕위를
아버지의 넷째 동생에게
주고 싶어 했기 때문이야.

나도 자꾸
매력 발산하고 싶지
않은데 말이야.

이놈의
인기란!

> 알[46]과 여제[47], 이매[48]는
> 계자(季子)와 어머니가 같은
> 네 형제다. 계자는 어려서부터
> 재주가 있어서 형제들이
> 모두 그를 사랑해 함께
> 그를 임금으로 세우려고 했다.
> 《공양전(公羊傳)·
> 양공 29년(襄公二十九年)》

그래서 아버지의 넷째 동생을 왕으로 만들기 위해
집안에서는 아버지의 뒤를 아들이, 형의 뒤를 아우가 잇는
왕위 계승 방식을 따르기로 했어.

> 청컨대 자식들에게 주지 말고
> 동생들에게 주어서,
> 형제들이 번갈아 군주가 되고,
> 《공양전(公羊傳)·
> 양공 29년(襄公二十九年)》

그러네요.

방법이
없네요.

이렇게 밖에
할 수 없어요.

이런
매력덩어리
같으니라고.

---

46) 알(謁) : 오나라의 제3대 왕인 제번(諸樊) 왕. - 역주.
47) 여제(餘祭) : 오나라의 제4대 왕. - 역주.
48) 이매(夷眜) : 오나라의 제5대 왕인 여매(餘眜) 왕. - 역주.

그래서 그의 할아버지가
그의 아버지에게 왕위를 물려주었고

25년, 왕 수몽(壽夢)이 죽었다…
이에 큰아들 제번을 세워
나랏일을 대행하게 했다.
《사기(史記)·
오태백세가(吳太伯世家)》

그의 아버지는 둘째 동생에게
왕위를 물려주었으며

알이 죽게 되자, 여제가 군주가 되었고,
《공양전(公羊傳)·양공 29년(襄公二十九年)》

13년(기원전 548년), 왕 제번이 죽었다. 동생 여제에게 자리를 주라는
명을 남겼는데, 차례로 전해 나라가 결국 계찰에 이르게 함으로써
선왕 수몽의 뜻을 따르려 한 것이다.
《사기(史記)·오태백세가(吳太伯世家)》

둘째 동생은 셋째 동생에게
왕위를 물려주었어.

여제가 죽으니,
이매가 자리에 올랐다.
《공양전(公羊傳)·
양공 29년(襄公二十九年)》

17년, 왕 여제가 죽고
동생 여매가 섰다.
《사기(史記)·
오태백세가(吳太伯世家)》

셋째 동생은 다시 넷째 동생에게 왕위를 물려주려고 했는데

> 4년(기원전 527년), 왕 여매가
> 죽으면서 동생 계찰에게
> 왕위를 주려 했으나
> 《사기(史記)·
> 오태백세가(吳太伯世家)》

넷째 동생은… 도망가버렸어.

> 계찰이 사양하며
> 도망갔다.
> 《사기(史記)·
> 오태백세가(吳太伯世家)》

뭐라고?

저는 꿈이 있어요.
왕위는 물려받고
싶지 않다고요!

도망가자!

그래서 셋째 동생은 어쩔 수 없이…
자신의 아들에게 왕위를 물려주었지….

네게 물려주마….

아….

> 이에 오나라 사람들은 "선왕의 명으로
> 형이 죽으면 동생이 대신하니
> 계찰에게 왕위가 이르러야
> 마땅하지만 지금 계찰이
> 자리를 피했다. 왕 여매가 뒤를
> 이었는데 지금 왕이 죽었으니
> 그 아들이 잇는 것이 마땅하다"며
> 왕 여매의 아들 요(僚)를
> 왕으로 세웠다.
> 《사기(史記)·
> 오태백세가(吳太伯世家)》

어쨌든!
합려 고양이에게는
기회가 오지 않았어….

하지만 합려 고양이는 실망하지 않고
몰래 유능한 인재들을 모으면서 반역할 준비를 하고 있었지.

몰래 유능한 인재를
받아들여 요(僚)왕을
습격하려고 했다.
《사기(史記)·
오태백세가(吳太伯世家)》

그 당시, 옆 나라인 초나라 왕은 이미 패왕이 된 지 오래였어.

당시 초나라의 기세는
절정에 이르렀다.
뤼쓰미안(呂思勉)
《선진사(先秦史)》

노나라 성공(成公) 2년, 초장왕은 비록 죽었지만 초나라는 촉(蜀)나라 지역에서
12명의 제후들과 회합을 가졌고, 진(秦)나라, 제나라 등 강대국들도 모두 모였다.
여기서 초나라의 세력이 얼마나 컸는지 알 수 있다.
바이서우이(白壽彝)《중국통사(中國通史)》

라이벌로서 오나라는 걸핏하면…
합려 고양이에게 초나라를 공격하라고 했어.

오나라는 공자 광(光)에게 초나라를
정벌하게 해서… 공자 광으로 하여금
태자 건(建)의 어머니의 집안일을
핑계로 초나라를 공격하게 해서
《사기(史記)·초세가(楚世家)》

국경 근처에서 어떤 고양이가 뽕잎을 따다가 다툼이 일어나자

초의 변경읍인 비량(卑梁)의 처녀들과
오의 변경 읍에 사는 여자들이
뽕나무를 놓고 다투었다.
《사기(史記)·오태백세가(吳太伯世家)》

당초 오나라의 변경 마을 비량(卑梁)과
초나라의 변경 마을 종리(鍾離)의
아이들이 뽕나무를 두고 싸웠다.
《사기(史記)·초세가(楚世家)》

초나라를 공격했어!

오왕이 화가 나서 초를 공격해서
두 마을을 취해 돌아갔다.
《사기(史記)·
오태백세가(吳太伯世家)》

오나라는 공자 광(光)에게 초나라를
정벌하게 해서 진(陳)나라,
채(蔡)나라를 물리치고 태자 건의
어머니를 데리고 갔다. 초나라는
두려워 도성 영(郢)을 강화했다.
《사기(史記)·초세가(楚世家)》

한번은 초나라를 공격하다가
배를 잃어버리자 돌아가지 않고

요(僚)왕 2년, 공자 광(光)이
초를 정벌했으나 패해서
왕의 배를 잃었다.
《사기(史記)·
오태백세가(吳太伯世家)》

배를 다시 뺏어올 때까지
계속 공격했지.

초를 기습해서 왕의 배를
다시 가지고 돌아왔다.
《사기(史記)·
오태백세가(吳太伯世家)》

어쨌든 오나라는 매일 밥 먹고 잠자는 시간 외에는
초나라를 공격했어!

요(僚)왕 2년, 공자 광(光)이
초를 정벌했으나… 8년,
오는 공자 광에게 초를 치게 해서
초 군대를 패배시키고…
9년, 공자 광이 초를 정벌했다.
《사기(史記)·
오태백세가(吳太伯世家)》

천하를 떨게 한 오나라 왕 합려

하지만 합려 고양이도 마음이 답답했어.

맨날 초나라는 공격하면 뭐 해,
자기가 왕이 아닌데!

합려가 말하길…
"내가 즉위를 하는 것이
마땅한 것이다.
요가 어떻게 군주가
될 수 있단 말인가?"
《공양전(公羊傳)·
양공 29년(襄公二十九年)》

이건… 아마 신도 이런 스토리는
너무 재미없다고 생각했을 거야….

더 이상 못 쓰겠다.

그러던 어느 날 갑자기!
초나라 왕이 세상을 떠났어.

이렇게 죽다니 억울해.

12년 겨울,
초 평왕이 죽었다.
《사기(史記)·
오태백세가(吳太伯世家)》

이 일은 오나라에게 정말 좋은 기회였어!

오회!

그래서 오나라는 서둘러 군대를 모아 초나라를 공격하러 갔어.

초나라를
정복하러 가자!

13년 봄, 오는 초의 국상을
틈타 정벌에 나섰다.
공자 개여[49]와 촉용[50]에게
군대를 이끌고 초의
육[51]과 첨[52]을
포위하게 했다.
《사기(史記)·
오태백세가(吳太伯世家)》

---

49) 개여(蓋餘) : 왕 여매의 자식. - 역주.
50) 촉용(燭庸) : 왕 여매의 자식. - 역주.
51) 육(六) : 지금의 안후이(安徽)성 류안(六安)시. - 역주.
52) 첨(潛) : 지금의 후베이(湖北)성 황펑(黃岡)현. - 역주.

그러다 초나라에 붙잡히는 신세가 되고 말았지….

초가 군사를 보내 오 군대의
뒤쪽을 막으니 오의 군대가
돌아올 수 없게 되었다.
《사기(史記)·
오태백세가(吳太伯世家)》

진짜야!
오나라 군대는 초나라를 치러 갔다가 결국 포위되어 돌아오지 못했어.

오나라 군대는
후퇴할 수도 없었다.
《공양전(公羊傳)·
양공 29년(襄公二十九年)》

하지만 그러는 바람에
합려 고양이에게 기회가 생겼어.

공자 광이 말하길
"이때를 놓칠 수 없다!"
《사기(史記)·
오태백세가(吳太伯世家)》

이때 오나라 공자 광이
말하기를
"이때를 놓쳐서는 안 된다."
《좌전(左傳)·
소공 27년(昭公二十七年)》

그는 나라가 비어 있는 틈을 타,
곧장 당시의 오나라 왕을 공격했고,

저리 가!

지금 오는 밖에서는 초에
곤욕을 치르고 있고,
안은 비어 기둥이 될 만한
강직한 신하가 없으니
저를 어찌하지 못할 것입니다…
요(僚)왕을 마침내 죽였다.
《사기(史記)·
오태백세가(吳太伯世家)》

용사 전제(專諸)를 시켜서
요를 찔러 죽이게 했으며
《공양전(公羊傳)·
양공 29년(襄公二十九年)》

자신이 왕위를 차지했어.

어머니,
저 성공했어요….

공자 광이 왕을 대신하니
이가 오왕 합려다.
《사기(史記)·
오태백세가(吳太伯世家)》

왕에 오른 뒤 합려 고양이는
더 열심히 나랏일을 돌봤고,

합려는 입으로는 맛있는 음식을 탐내지 않았으며, 귀로는 좋은 음악을
즐기려 하지 않았고, 눈으로는 여자에 빠지지 않았으며, 몸으로는
편안함에 안주하려 하지 않았다. 아침저녁으로 뜻을 이루기 위해 힘쓰고,
백성들의 고통을 불쌍히 여겼으며, 훌륭한 말을 들으면 그에 놀라고,
훌륭한 사람을 얻으면 마치 상을 받은 듯 여겼다. 잘못된 것이 있으면
반드시 고쳤고, 옳지 않은 일이 있으면 반드시 두려워했다.

《국어(國語)·초어(楚語)》

곳곳에서 백성 고양이들과
동고동락했어.

> 옛적에 합려는 음식에 두 가지 반찬을 먹지 않고, 거처하는 데도 방석을
> 두 개씩 깔지 않았으며, 집을 짓는 데도 단을 높게 만들지 않았고, 기구에 붉은
> 꽃을 새기는 등의 조각을 하지 않았으며, 궁실에 누각을 만들지 않고 배와
> 수레를 장식하지 않았으며, 의복 등에 있어서는 견고한 것을 취하고 사
> 치스러운 것을 사용하지 않았다… 항상 백성을 돌보고 함께 동고동락했다.
>
> 《좌전(左傳)·애공원년(哀公元年)》

식사도 아주 간단하게 하고

> 군에서 좋은 음식은 모두
> 군사들에게 나누어 먹이고 나서야
> 자기도 먹었고, 그가 먹는
> 귀한 음식은 군사들과 함께 먹었다.
>
> 《좌전(左傳)·애공원년(哀公元年)》

생활도 아주 소박하게 했지.

> 집을 짓는 데도
> 단을 높게 만들지 않았고…
> 궁실에 누각을 만들지 않고
>
> 《좌전(左傳)·애공원년(哀公元年)》

심지어 전염병이 돌 때도 직접 둘러보러 갔어.

> 나라 안에 천재지변이나
> 전염병이 있을 때에는 직접
> 고아와 과부 등 딱한 사람을
> 돌보고 그들에게 부족한 것을
> 제공했다.
> 《좌전(左傳)·애공원년(哀公元年)》

시간이 흐르고 흘러 오나라는
왕부터 백성들까지 모두 한마음이
되었고, 국력도 끊임없이 강해졌어.

> 백성들은 지쳐 쓰러지지 않았고,
> 죽어도 헛되이 죽는 것이
> 아니라고 생각했다.
> 《좌전(左傳)·애공원년(哀公元年)》
>
> 합려는… 그렇기 때문에
> 민심을 얻어서 자신의 뜻을
> 성취시킬 수 있었던 것이다.
> 《국어(國語)·초어(楚語)》

이 모든 노력은 단 하나의 목표를 이루기 위해서였어!

하나!

천하를 떨게 한 오나라 왕 합려

그것은 바로 초나라를 치는 것이었어!

합려는 초나라를 정벌하는 일을
소홀히 하지 않았다.

바이서우이(白壽彝) 《중국통사(中國通史)》

공격하라!

안 그래도 합려 고양이가 왕이 된 이후 10년 동안,
초나라는 모든 게 다 반 토막이 났어….

봐주면
안 될까….

3년, 오왕 합려와 오자서(伍子胥),
백비(伯嚭)가 군사를 거느리고 초를 공격해서
서(舒, 지금의 안후이(安徽))성 수청[53]을 빼앗고…
4년, 초를 공격해서 육과 첨을 취했다…
6년, 초가 영윤 자상(子常, 낭와(囊瓦))에게
오를 공격하게 하자 이에 맞싸워 예장[54]에서
초의 군대를 크게 물리치는 한편 초의
거소[55]를 취해 돌아왔다.

《사기(史記)·오태백세가(吳太伯世家)》

심지어 수도가
멸망할 뻔하기도 했어….

9년… 당, 채와 함께 서쪽으로 초를
정벌하러 갔다… 초의 군대를 대파해서
달아나게 만들었다. 이에 오왕도 병사를 풀어
뒤를 쫓아왔다. 북으로 영(郢, 지금의 후베이
(湖北))성 장링[56]에 이르기까지 다섯 번을 싸워
초가 다섯 번 모두 패했다… 초 소왕(昭王)은
영에서 도망쳤다… 11년, 오왕이 태자
부차(夫差)에게 초를 공격해서 번[57]을 취했다.
초가 두려워 영을 버리고 약[58]으로
도읍을 옮겼다.

《사기(史記)·오태백세가(吳太伯世家)》

저리 가!

53) 수청(舒城)현. – 역주.
54) 예장(豫章) : 지금의 장시(江西)성 난창(南昌)시. – 역주.

과거 패주의 영광은 더 이상 없었지.

> 오나라의 군사가 진(陣)나라에
> 주둔하고 있을 때, 초나라의
> 대부들이 모두 두려워했다.
> 《좌전(左傳)·애공원년(哀公元年)》

반면 합려 고양이는 동남쪽 지역에서 명성을 크게 떨치고 있었어.

> 오나라 합려 등은 모두 다 변방 나라의
> 왕들이지만 그 위엄은
> 온 세상을 떨게 하고 강력함이
> 중원의 나라들을 위태롭게 했다.
> 《순자(荀子)·왕패》

그렇게 초나라를 대신해 새로운 패주가 탄생한 거야.

> 초나라는 이 실패로 인해
> 강력한 패국의 지위를
> 잃게 되었다.
> 젠보짠(翦伯贊)
> 《중국사 요강(中國史綱要)》

---

55) 거소(居巢) : 지금의 안후이(安徽)성 차오후(巢湖)시. - 역주.
56) 장링(江陵)현. - 역주.
57) 번(番) : 지금의 장시(江西)성 포양(鄱陽)현. - 역주.
58) 약(郡) : 지금의 후베이(湖北)성 이청(宜城)현 - 역주.

천하를 떨게 한 오나라 왕 합려

어느 날
그는 발가락에 화살을 맞았는데…

합려는 발가락에 상처를 입었다.
《좌전(左傳)·정공십사년(定公十四年)》

오왕 합려의 발가락에 상처를 입히니
군대는 7리를 후퇴했다.
《사기(史記)·오태백세가(吳太伯世家)》

화살에 맞아 부상을 입고 죽었다.
《사기(史記)·초세가(楚世家)》

그렇게 세상을 떠나버렸어….

오왕은
부상이 도져
죽었다.
《사기(史記)·
오태백세가(吳太伯世家)》

합려 고양이가 왕에 오르는 과정은 매우 복잡했지만

그의 피나는 노력으로 오나라는 초나라를 무찌를 수 있었어.

오왕 합려가 그의 국민을
잘 이끌어서 우리들이
백거[59]에서 패했다.
《좌전(左傳)·
애공원년(哀公元年)》

하지만 아쉽게도 이 패주는 얼마 가지 못했지….
(그래도 십 몇 년 왕으로 있기는 했어.)

그렇다면 그 화살은 대체 누가 쏜 걸까?

이어서 계속

---

59) 백거(柏擧) : 지금의 후베이(湖北)성. - 역주.

아버지의 뒤를 아들이, 형의 뒤를 아우가 잇는 것은 중국 고대의 왕위 계승 방식이다. 하나라 시절에는 왕이 죽으면 그 뒤를 주로 아들이 왕위를 이었다. 하지만 왕이 죽었을 때 그의 아들이 너무 어려 나라를 다스리기가 어려운 경우가 생겨났다. 그래서 상나라 시절에 형의 뒤를 아우가 잇는 방식이 나타나며 두 방식이 함께 사용되었다. 하지만 역사적 사실에서 알 수 있듯이 형제가 왕위를 잇는 방식에 더 큰 문제점이 존재했다. 왕위를 놓고 분쟁이 일어나기 일쑤였기 때문이다. 상나라 중기에도 왕권을 두고 다툰 '구세지란(九世之亂)'이 있었다.

그래서 주나라 시절에는 다시 아버지의 왕위를 아들만 물려받도록 했다. 이는 계승 과정에서 생겨나는 갈등을 일정 부분 해소할 수 있었기 때문에 약 3000년 동안 이 방식이 유지되었다. 하지만 형제간의 왕위 계승 방식이 아예 없어진 것은 아니었다. 춘추시대에 많은 나라들이 이 방식을 사용했다(예를 들어 송나라, 노나라, 진(秦)나라, 오나라 등). 이후에도 많은 왕조에서 이따금 사용되었다. 이외에 오나라 왕 합려의 일생에 대해 역사학계에서는 여전히 논쟁이 있다. 《사기(史記)》에 따르면 합려는 4형제 중 장남인 선대 왕의 아들이지만, 양보쥔(杨伯峻)의 《춘추좌전(春秋左傳)》 주석본에 따르면 합려는 4형제 중 셋째의 아들로 기록되어 있다. 이 책은 《사기(史記)》의 내용에 연역을 더했다.

합려 역 - 해바라기씨

참고 문헌 : 《사기(史記)》, 《좌전(左傳)》, 《국어(國語)》, 《순자(荀子)》, 장따커(張大可)《사기(史記) 백화본(白話本)》, 리위제(李玉潔)《중국조기국가성질(中國早期國家性質)》, 뤼쓰미안(呂思勉)《선진사(先秦史)》, 바이서우이(白壽彝)《중국통사(中國通史)》, 젠보짠(翦伯贊)《중국사 요강(中國史綱要)》

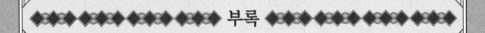
요(僚)왕을 찌른 전제(專諸)

합려 이전의 오나라 왕은 '요'라는 고양이야. 합려는 왕위를 빼앗기 위해서 사람을 시켜 연회에서 음식을 올릴 때 요를 죽이라고 했어.

전제 고양이

내가 점을 쳐보니, 불길한 징조다!

'무당' 넷째 삼촌

합려의 넷째 삼촌은 마치 미래를 예측하는 능력이 있는 것 같았어. 그는 진(晉)나라의 정권이 세 명의 신하들 손에 들어갈 것이라고 예언했는데, 백여 년이 지나고 나서 정말 그렇게 되었어.

나를 쏴라

합려의 아버지는 왕위를 물려받고 나서 빨리 그 자리를 넷째에게 물려주기 위해 전쟁에 나가면 일부러 앞장서서 싸우곤 했어. 그래서 결국 왕에 오른 지 13년 만에 전사하고 말았지.

큰형님!

이리 오거라! 나를 쳐라!

야옹이들의 프로필

<고객 서비스>

<게임>

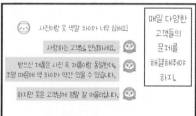

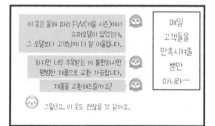

해바라기씨

황소자리
생일 : 5월 3일
키 : 180cm
가장 좋아하는 꽃 : 진달래
가장 좋아하는 음식 : 스테이크
성격 : 머리가 좋고 영리하지만
다소 인색하다.

(인간 해바라기씨 소개)

해바라기씨의 도시락

제 18 장

•

오나라와 월나라의 전쟁(Feat. 와신상담)

앞서 말했듯이,
오나라 왕 합려 고양이가 온 세상에 기세를 떨치고 있을 때,

오나라 합려 등은 모두 다
변방 나라의 왕들이지만
그 위엄은 온 세상을 떨게 하고
강력함이 중원의 나라들을
위태롭게 했다.
《순자(荀子)·왕패》

화살 하나 때문에!

오왕 합려에게 활을 쏘아
부상을 입혔다.
《사기(史記)·
월왕구천세가(越王句踐世家)》

죽었지….

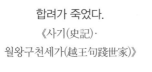

합려가 죽었다.
《사기(史記)·
월왕구천세가(越王句踐世家)》

그렇다면 이 화살은 누가 쏜 걸까?

바로 옆 나라인 월(越)나라 왕
구천(句踐) 고양이었어!

월나라가 오나라의
군대를 습격해서
오나라의 군대를
취리[60]에서 패배시키는 한편,
오왕 합려에게 활을 쏘아
부상을 입혔다.
《사기(史記)·
월왕구천세가(越王句踐世家)》

두 나라의 원한 관계는 아주 오래되었어.

오나라와 월나라
간의 전쟁은
진작 시작되었다.
꾸더룽(顧德融)
《춘추사(春秋史)》

---

60) 취리(橋李) : 지금의 저장(浙江)성 자싱(嘉兴)현. – 역주.

먼저 합려 고양이가 오나라를 다스리던 시절,
월나라와 자주 충돌이 생겼어.

윤상[61] 때 오왕 합려와 싸워
서로 원한을 품고
정벌하게 되었다.
《사기(史記)·
월왕구천세가(越王句踐世家)》

나중에…
월나라 왕이 죽자

윤상이 죽었다.
《사기(史記)·
월왕구천세가(越王句踐世家)》

오나라의 합려 고양이는
그 기회를 틈타 월나라를 공격했어.

오왕 합려는 윤상이 죽었다는
소식을 듣고는 군대를 일으켜
월나라를 정벌했다.
《사기(史記)·
월왕구천세가(越王句踐世家)》

왕이
죽었다!
이 기회에
해치워버리자!

61) 윤상(允常) : 월나라 1대 왕. – 역주.

이때 새롭게 월나라의 왕이 된 고양이가 바로 구천이었어.
(이것이 바로 이 역사의 큰 배경이야.)

아버지 걱정 마세요. 제가 있잖아요!

우리 아들!

> 아들 구천(句踐)이
> 자리에 오르니
> 이가 월왕이다.
> 《사기(史記)·
> 월왕구천세가(越王句踐世家)》

아버지가 돌아가신 지도 얼마 안 되었는데
적들은 트집을 잡아 쳐들어오고 있었지.
(물론 가만히 앉아서 당하고 있을 수는 없었어.)

이놈이!

구천 고양이는 어려운 시기에 왕이 되었기 때문에
합려 고양이와 정면승부 할 수밖에 없었어.

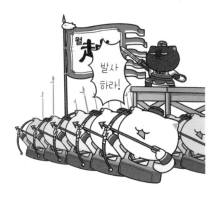

월

발사 하라!

> 월나라가
> 오나라의 군대를 습격해서
> 오나라의 군대를
> 취리에서 패배시켰다.
> 《사기(史記)·
> 월왕구천세가(越王句踐世家)》

합려 고양이를 죽게 만든 화살은 바로 여기서 날아온 것이었어.

오왕 합려에게 활을 쏘아
부상을 입혔다.
합려가 죽었다.
《사기(史記)·
월왕구천세가(越王句踐世家)》

때마침 양쪽의 왕이 모두 죽자
전쟁 중이던 두 나라는 더욱더 갈등이 심해졌지….

가족의 원한이 나라의 원한이 되었어….
월나라에는 능력을 드러내고 있는 구천 고양이가 있었고,

윤상이 죽고 아들 구천이
즉위했다.
퉁쑤예(童書業)《춘추사(春秋史)》

오나라에는 이제 막 왕위에 오른 부차(夫差) 고양이가 있었어.

오왕 합려가 중상을 입고 죽었다.
아들 부차가 즉위했다.
퉁쑤예(童書業)《춘추사(春秋史)》

부차 고양이는 어려서부터 용맹했어.

아버지의 원수를 갚기 위해 밤낮없이 훈련했지.

오왕 부차가 밤낮으로
병사를 훈련시켜
월나라에 보복하려 했다.
《사기(史記)·
월왕구천세가(越王句踐世家)》

그리고 부하 한 명을 정원에 세워놓고

서 있기로
하지 않았나?

반복해서
말하는 고양이
复读喵

오나라 부차는 사람을
뜰에 세워놓고
《좌전(左傳)·
정공십사년(定公十四年)》

자신이 지나갈 때마다 큰소리로 이렇게 외치게 했어.
"부차 고양이! 월왕이 네 아버지를 죽인 걸 잊었어?"

자신이 출입할 때마다
반드시 스스로에게 이르기를,
"부차야, 너는 월왕이
너의 아버지를 죽인 것을
잊었느냐?" 하고
말하게 했다.
《좌전(左傳)·
정공십사년(定公十四年)》

잊었어?

아니!

반복해서
말하는 고양이
复读喵

자신이 복수하는 일을 잊지 않도록 이런 방법으로 스스로에게 경고한 거지.

아버지!

그러면 부차는
"아닙니다. 감히 잊지 못합니다"
라고 대답했다
《좌전(左傳)·
정공십사년(定公十四年)》

부차 고양이의 이런 노력으로
오나라는 서서히 패전의 먹구름 속에서 벗어나
복수를 준비할 수 있었어.

이렇게 3년의
세월이 흘렀고,
그동안 충분히
준비를 끝낸 뒤
복수를 시작했다.

퉁쑤예(童書業)
《춘추사(春秋史)》

반면… 오나라를 물리쳤던 구천 고양이는
적을 얕보고 있었어….

오나라와 월나라의 전쟁(Feat. 와신상담)

오나라가 아직 회복 중이라고 생각해
경솔하게 군대를 일으켜 공격했는데

내 실력을
보여주마!

오왕 부차가 밤낮으로
병사를 훈련시켜 월나라에
보복하려 한다는 소식을 듣고는
오나라가 나서기 전에
월나라가 먼저 오나라를
정벌하려 했다.
《사기(史記)·
월왕구천세가(越王句踐世家)》

결과는…
오히려 부차 고양이에 의해 후이지산[62]에 갇히는 신세가 되지.

월왕은 남은 병사
5천을 정비해서
후이지산을 거점으로
수비에 들어갔고,
오왕은 추격해서
이곳을 에워쌌다.
《사기(史記)·
월왕구천세가(越王句踐世家)》

62) 후이지산(會稽山) : 저장(浙江)성 동남쪽에 있는 산. - 역주.

하지만 구천 고양이는 큰 사건들을 다 겪어본 고양이라서 그런지

위기가 닥쳐도 겁내지 않았어!

그리고…
그 자리에서 무릎을 꿇고 부차 고양이에게 살려달라고 빌었어….
(이렇게 아무 계획도 없이 오다니?)

바로 대부 문종(文種)에게
오나라로 가서 일을
성사시키게 했다.
(문종이) 무릎으로 기어
머리를 조아렸다.
《사기(史記)·
월왕구천세가(越王句踐世家)》

(사실이야. 스토리가 정말 이래.)

(난감한 얼굴)

구천 고양이는 부차 고양이의
신하가 되겠다고 말했을 뿐만 아니라,

> 군왕의 망한 신하 구천이
> 심부름꾼 신하 문종을 보내
> 여러분께 '구천은 신하가
> 되길 청합니다'라고 감히
> 아뢰라고 했습니다.
> 《사기(史記)·
> 월왕구천세가(越王句踐世家)》

자신의 아내도 바치겠다고 했어….

> 아내가 첩이 되길 청합니다.
> 《사기(史記)·월왕구천세가(越王句踐世家)》

어쨌든 원하는 만큼 납작 엎드려 주었지.

이렇게 모든 것을 내려놓는 모습에
부차 고양이는 복수를 잊고
그를 용서해주기로 해….

오왕은… 끝내 월나라를 용서하고 군대를 철수시켜 돌아갔다.
《사기(史記)·월왕구천세가(越王句踐世家)》

하지만 이때 구천 고양이의 마음속에는
복수의 불꽃이 활활 타오르고 있었어.

그는 때를 기다리며 힘을 숨기고,

마른 나뭇가지로 만든 침대에서 잠을 자며,

너무
따가워!

《사기(史記)》에는 명확하게
언급되지 않았다.
어떤 학자는 이 일이
《오월춘추(吳越春秋)》의
"월왕은…피곤해서 눈이 감기면
여뀌(한해살이 풀)로 문질렀다"
라는 내용을 후대 사람들이
잘못 전해 '와신(臥薪)'이 되었다고
말했다.

틈만 나면 방 안에 걸어둔 쓸개를 씹었어.

너무 써!

이는 모두 자신을 일깨우기 위해서였어!
"후이지산에서의 수치를 잊었어?"

'와신상담(臥薪嘗膽)'이라는 말은
이렇게 생겨난 거야….

구천 고양이가 백성들과 동고동락하자
월나라는 서서히 이전보다 더 강력해졌어.

몸소 농사를 짓고…
백성들과 수고를 함께했다.
《사기(史記)·
월왕구천세가(越王句踐世家)》

월왕 구천은 전쟁에서 패한 뒤
후이지산에서의 수치를
잊지 않으며 와신상담했다.
10년간 인구를 늘리고 가르치니
월나라의 국력이 점점
회복되었다.
젠보짠(翦伯贊)
《중국사 요강(中國史綱要)》

그리고 늘 오나라와 결판을 낼 준비를 하고 있었지.
(진짜 뒤끝 길다….)

화나. 분노.
화나 죽겠어.   죽여버리겠어!
열받아 죽겠어.   죽음의 복수!!
용서할 수 없어.   미워 죽겠어.

구천이 후이지산에서 돌아온 지 7년(기원전 487년) 만에
군대와 백성을 잘 다독거려서 오나라에 보복하려고 했다.
《사기(史記)·월왕구천세가(越王句踐世家)》

부차 고양이는 월나라를 무찌른 뒤 계속 북쪽으로 올라갔어.

(패싸움으로 패주가 되려고 한 거지.)

> 오왕 부차는 월나라를 무찌른 뒤 북쪽으로 올라가 중원을 다스리고,
> 진(陣)나라를 정벌하고, 노나라, 송나라를 굴복시키고,
> 제나라 군대를 무너뜨렸고, 황지[63]에서 열린 회합에 초대되었다.
> 퉁쑤예(童書業) 《춘추사(春秋史)》

비록 명성을 널리 떨치긴 했지만,

> 오나라는 패주의 자리를 다투는 데에 어느 정도 진전이 있었다.
> 졘보짠(翦伯贊) 《중국사 요강(中國史綱要)》

---

63) 황지(黃地) : 지금의 허난(河南)성 펑치우(封丘)현. - 역주.

연이은 전쟁으로 나라는 점점 비어갔어.

하지만, 연이어 대규모의
군대를 출동시키느라
나라 안은 점점 비어갔다.
젠보짠(翦伯贊)
《중국사 요강(中國史綱要)》

한 고양이는 정예 군대를 양성하고 있고, 한 고양이는
군대를 남용하며 전쟁을 일삼고 있었던 거지.
(결말은 더 볼 것도 없을 것 같네….)

그래서 구천 고양이가 다시 군대를 일으켰을 때,

부차 고양이는 포위당했어.

월나라는 오나라를 크게 이기고
3년 동안 포위했다.
오나라의 군대는 패했고,
월나라는 마침내 고소산(姑蘇山)으로
오왕을 몰아넣었다.
《사기(史記)·
월왕구천세가(越王句踐世家)》

구천 고양이는 그에게 기회를 주지 않았고,
군대를 보냈어….

오왕은… 결국
자살했다.
《사기(史記)·
월왕구천세가(越王句踐世家)》

이로써 구천 고양이는
패전의 수치를 씻고, 직접 오나라를 평정했지.

구천이 오나라를 평정했다.
《사기(史記)·
월왕구천세가(越王句踐世家)》

부차 고양이 대신 북쪽으로 올라간 그는 춘추시대 최후의 패주가 되었어.

바로 병사를 거느리고 북으로
회하를 건너 제후 제나라, 진(晉)나라와
서주(徐州)에서 회합하고 주나라에
조공을 바쳤다. 주나라 원왕(周元)은
사람을 시켜 구천에게 제사 지낸 고기를
내리고 백(伯)에 임명했다…
그를 패왕(覇王)이라고 칭했다.
《사기(史記)·
월왕구천세가(越王句踐世家)》

춘추의 어지러운 세상 속에서
남쪽 제후국들의 경쟁은 매우 치열했는데,

춘추시대 말기에 남쪽 국가들의
치열한 다툼이 중국 전체
역사와 깊은 관련이 있다.
퉁쑤예(童書業)《춘추사(春秋史)》

만약 당시에,
북쪽의 정국이 불안정한 상황에서
남쪽의 강대국이 북쪽까지 삼켜버렸다면,

당시 북방의 제후국들의
정국이 불안정했기 때문에,
만약 남방 국가들이 조금
안정되었다면 오나라나 초나라가
반드시 진(晉)나라의 패주가
쇠약해진 틈을 타
중원을 삼키려 했을 것이다.
퉁쑤예(童書業)《춘추사(春秋史)》

중화민족의 중원 문화의 기초가 바뀌었을지도 몰라….

그렇게 되었다면,
중국 문화의 기초가 되는
전국 문화가 크게
변했을지도 모른다.

퉁쑤예(童書業)

《춘추사(春秋史)》

여기까지,
수년간 치열한 다툼을 겪었던
춘추시대는 이미 말기에 접어들고 있었어.

오나라와 월나라가 패주의
자리를 놓고 벌인 전쟁이
실질적으로는 패주가 사라지기
전 잠시 왕성해졌던 순간이었다.

바이서우이(白壽彛)

《중국통사(中國通史)》

월왕 구천이 바로
춘추시대의 마지막 패주였다.

양콴(楊寬) 《전국사(戰國史)》

치열하게 다툼을 겪던 중원에 또 무슨 일이 일어났을까?

이어서 계속

편집자의 말 ◇◇◇◇◇◇◇◇◇◇◇◇◇◇◇◇◇◇◇◇◇◇◇◇◇◇◇◇◇◇◇◇◇

'와신상담'의 진실성에 대해서는 논쟁이 계속 일어나고 있다. 《사기(史記)》에는 구천이 "몸과 마음을 고통스럽게 했고, 자리에 곰 쓸개를 두고서 앉으나 누우나 쓸개를 올려다보았으며, 음식을 먹을 때도 쓸개를 맛보았다"라고 쓰여 있지만, 《좌전(左傳)》과 《국어(國語)》에는 이에 대한 기록이 없다. 어떤 학자는 명나라 말기의 장편 희곡 《완사기(浣紗記)》 등의 작품에서 월왕 구천의 '와신상담'을 대대적으로 다루면서 이 이야기가 널리 퍼졌다고 말했다. '와신상담'이 이미 대중적으로 알려졌기 때문에, 현재는 《사기(史記)》를 참고해 이 이야기를 완성시키고 있다. 《사기》에는 월나라 군대가 "화살을 쏘아 월왕 합려를 다치게 했다"라고 기록하고 있지만, 《좌전》에는 "영고부(靈姑浮)가 합려를 공격해 합려가 발가락의 부상을 입고…"라고 쓰여 있다. 즉 월나라의 명장이었던 영고부가 합려를 무찔렀다고 기록되어 있는 것이다. 이 책에서는 《사기》의 관점을 인용했다. 퉁쑤예(童書業)는 《춘추사(春秋史)》에서 춘추시대에 중원 국가들과 오랑캐들의 전쟁이 자주 일어나자 오랑캐를 막기 위해 백주[64]제도가 생겼는데 그것이 바로 '존왕양이'라고 말한다. 춘추시대 말기 중원 제후국들에 정변이 일어났을 때, 남쪽의 '오랑캐' 제후국에도 치열한 다툼이 일어나면서 그 속에서 초나라, 오나라, 월나라가 세워졌다. 만약 남쪽 나라들에 치열한 다툼이나 견제가 발생하지 않고 북쪽으로 올라왔다면 중원의 문화가 지금과는 달라졌을지도 모른다.

구천 역 - 우롱차

부차 역 - 튀긴 꽈배기

합려 역 - 해바라기씨

참고 문헌 : 《사기(史記)》, 《순자(荀子)》, 《좌전(左傳)》, 꾸더룽(顧德融) 《춘추사(春秋史)》, 퉁쑤예(童書業) 《춘추사(春秋史)》, 젠보짠(翦伯贊) 《중국사 요강(中國史綱要)》, 바이서우이(白壽彛) 《중국통사(中國通史)》, 양콴(楊寬) 《전국사(戰國史)》

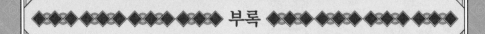
하나라 황제 우(禹)의 후예

월나라의 선조는 하나라 황제 우(禹)의 후예라고 해. 하나라의 여섯 번째 군주 소강(小康)의 아들이 회계[65]에 도시 국가를 세우게 되었는데, 그것이 바로 훗날의 월나라야.

나는 한 번 마음먹으면 나 자신도 벨 수 있다.

구천의 기이한 방법

월나라에 쳐들어온 오왕 합려를 무찌르기 위해 구천은 일부 월나라 군인들을 세 줄로 세우고 오나라 군을 만나면 그 앞에서 자살하게 했어. 오나라 군대는 이를 보고 놀라 정신을 차리지 못했고, 결국 패했지…

미인계

구천은 부차에게 보답하기 위해 미녀를 선발해 부차에게 바치기로 했는데 그중에는 '4대 미인' 중 하나인 서시(西施)가 있었어.

---

64) 백주(伯主) : 패주. – 역주.
65) 회계(会稽) : 저장(浙江)성 동부의 회계산 지역. – 역주.

야옹이들의 프로필

<오해받아 괴로워요 1>

안녕…

나는 전병이라고 해.

난 매일 출근 피크 타임에 버스를 타.

하지만 왠지 모르게…

차 안이 왜 이렇게 늘 넓지…?

인상 좀 봐!

탈육수는 아니었나?

쟤 너무 무서워

<오해받아 괴로워요 2>

안녕…

나는 우룽차라고 해.

가끔 전병이랑 같이 버스를 타.

하지만 왠지 모르게…

차 안이 왜 이렇게 늘 넓지…?

오늘은 한 명이 늘었네?

오늘은 더 무섭다…

128

우롱차

게자리
생일 : 7월 11일
키 : 180cm
가장 좋아하는 꽃 : 동백꽃
가장 좋아하는 음식 : 딸기치즈
케이크
성격 : 부드럽고 조용하다.
다른 이들을 돌보는 것을 좋아
한다.

(인간 우롱차 소개)

우롱차의 도시락

제 19 장

•

세 가문으로 나뉜 진(晉)나라

주나라 초기부터 분봉제⁶⁶⁾가 시작되었어.

효과적인 통치를 위해
서주는 분봉제를 실시했다.
인민교육출판사
《고등학교 과정 표준 교과서·
필수 역사 1》

제후들은 서로 전쟁을 벌였지.

각각의 제후국들은
더 많은 땅과 백성들을
차지하기 위해
서로 전쟁을 벌였다.
인민교육출판사
《고등학교 과정 표준 교과서·
필수 역사 1》

600년 후의 춘추시대 말기까지

---

66) 《고양이가 중국사의 주인공이라면 1》의 259~260페이지 참고. – 편집자 주.

대부분의 나라가 합병되거나 멸망했어.

> 춘추시대에 이르기까지 문헌상에서 확인할 수 있는 제후국들의 숫자가
> 백 십여 개까지 줄어들었다… 춘추시대 말기, 모든 국가의 숫자가
> 한층 더 줄어들었다.
> 리쉬에친(李學勤) 편집장《전국사와 전국문명(戰國史於戰國文明)》

남은 건 '한물간' 큰형님인 주나라 천자,

> 동천 이후, 주나라 천자는
> 천하의 주인 자리를 잃었다.
> 젠보짠(翦伯贊)
> 《중국사 요강(中國史綱要)》

그리고 살아남은 몇몇 나라뿐이었지.

살아남은 나라 중 가장
강력한 나라는 진(晉)나라였어.

진(晉)나라는 춘추시대에
가장 강한 나라였다.

퉁쑤예(童書業)
《춘추사(春秋史)》

진(晉)나라는 춘추시대를
통틀어 중원에서
가장 강한 나라였다.

바이서우이(白壽彛)
《중국통사(中國通史)》

진나라는 나라 크기도 크고

이 무렵 진(晉)나라가 강해져
서쪽으로 하서(河西)를 차지해
진(秦)나라와 국경을 접했고,
북쪽으로는 적나라와 가까웠으며,
동쪽으로는 하내(河內)에
이르렀다.

《사기(史記)·진세가(晉世家)》

진(晉)나라는… 가로 세로로
성 다섯 개가 넘는 땅을 가졌다.

퉁쑤예(童書業)《춘추사(春秋史)》

군대도 강력했어.

진문공의 패주로서의 업적 중 군사적인 측면에서의 성과는 제환공보다 컸다.
바이서우이(白壽彝)《중국통사(中國通史)》

진(晉)나라는 삼군을 만들었다.
《사기(史記)·진세가(晉世家)》

하지만 아주 큰 문제가 있었는데

그것은 바로, 진나라에 '자기 편'이 없다는 것이었어….

이어서 계속.

좀 복잡해.

그 어떤 공자도 국내에
남아 있지 못하게 했다.
《국어(國語)·진어(晉語)》

간단하게 말하면, 진나라에 내란이 일어난 적이 있었어.

《사기(史記)·진세가(晉世家)》에 따르면,
'곡옥67)'과 '익68)', 즉 직계와 서자의
전쟁이 67년 동안 계속되었고,
진(晉)나라 군주 6명이 살해당했으며,
이 과정에서 직계 공족들이
대부분 희생되었다.
결국 서자의 승리로 끝났다.

그 일 때문에 왕의 친척들을 모두 추방하거나 중용하지 않았지.

무료
배송

진나라는 곡옥과의 전쟁 등으로 인해
공족의 세력이 점차 사라져
남지 않게 되었다.
퉁쑤예(童書業)《춘추사(春秋史)》

진나라 임금은 취69)를 공격해서
여러 공자를 모두 죽였다.
《좌전(左傳)·장공25년(莊公二十五年)》

---

67) 곡옥(曲沃) : 지금의 산시(山西)성 원시(聞喜)현. – 역주.
68) 익(翼) : 진(晉)나라의 수도, 지금의 산시(山西)성 이청(翼城)현. – 역주.
69) 취(聚) : 지금의 산시(山西)성 장(絳)현. – 역주.

그 결과는 어땠을까?

진나라의 권력이 결국에는 신하들의 손에 떨어지고 말았지.

이로 인해 진나라의
다른 성(姓)의 귀족들이
힘을 얻고 발전하기
시작했다.

바이서우이(白壽彝)
《중국통사(中國通史)》

진나라는 강했지만, 신하가 권력을 잡는 것을 막을 방법은 없었어.

육경[70]이 각각 자신의 가족들을
높은 관직인 대부로 삼았다.
왕족의 가문은 이로부터
더욱 약해졌다.

《사기(史記)·조세가(趙世家)》

진나라 조정을 손에 쥔 세력들을 주로 네 가문으로 나눌 수 있는데,

---

70) 육경(六卿) : 정부의 여섯 관청의 수장. - 역주.

각각 지(智) 씨, 조(趙) 씨, 위(魏) 씨, 한(韓) 씨 네 가문이었어.

지백요(智伯瑤)가 이끄는 지 씨 가문,
한강자(韓康子)가 이끄는 한 씨 가문,
조양자(趙襄子)가 이끄는 조 씨 가문,
위환자(魏桓子)가 이끄는 위 씨 가문,
이 네 가문이 진나라의 운명을
틀어쥐고 있었다.

바이서우이(白壽彝)

《중국통사(中國通史)》

지 씨 가문의 힘이 가장 셌기 때문에

당시 진나라의 국정은
모두 지백이 결정했고,
진나라 애공[71]은 통제할 수 없었다.
지백이 마침내 범(范) 씨와
중항(中行) 씨의 땅까지 차지해서
최강이 되었다.

《사기(史記)·진세가(晉世家)》

지 씨 가문은 틈만 나면 다른 세 가문을 괴롭혔어.

지백이 그때
강자를 희롱하고
단규[72]를 모욕했다.

《자치통감(資治通鑑)》

71) 애공(哀公) : 진나라의 36대 군주. - 역주.
72) 단규(段規) : 한강자의 책사. - 역주.

한번은 지 씨 가문이 한 씨, 위 씨 두 가문을 협박해 땅을 빼앗았어.

어이! 땅 좀 나눠줘!

지백이 한강자에게
땅을 요구했다…
또 위환자에게도
땅을 요구했다.

《자치통감(資治通鑑)·
주기(周紀) 1》

한 씨, 위 씨 두 가문은 지 씨 가문의 힘이 두려워
따르지 않을 수 없었지…

지백은 이득이 되는 것을
좋아하고 괴팍한 성격이라
땅을 주지 않으면
장차 우리를 칠 것입니다…
사신을 시켜서 1만 가구의 읍을
지백에게 보내주었다…
어찌 우리만 지백의
먹잇감이
되겠습니까?…
또 1만 가구의 읍을
지백에게 주었다.

《자치통감(資治通鑑)·
주기(周紀) 1》

와….

쉽네!

하지만 지 씨 가문이 조 씨 가문의 땅도 빼앗으려 하자,

어이! 땅 좀….

지백은 또다시
조양자에게
채(蔡) 땅과 고랑(皐狼)
땅을 요구했다.

《자치통감(資治通鑑)·
주기(周紀) 1》

139
세 가문으로 나뉜 진(晉)나라

조씨 가문은 거절했어!

조양자는 주지 않았다.
《자치통감(資治通鑑)·주기(周紀) 1》

이 거절 때문에 사건이 발생하지.

지 씨 가문이 한 씨, 위 씨 가문과 함께 조 씨 가문을 혼내주러 갔는데

혼내주라!

지백은 화가 나서 한 씨, 위 씨 가문의 군대를 이끌고 조 씨 가문을 공격했다.

《자치통감(資治通鑑) ·주기(周紀) 1》

조 씨네 고양이들은 필사적으로 성문을 지키며 밖으로 나가지 않았어.

결국 진양[73]으로 도망치게 되었다.

《자치통감(資治通鑑) ·주기(周紀) 1》

조 씨 가문은 (진양을) 1년 넘게 굳게 지켰다.

양콴(楊寬)

《전국사(戰國史)》

꽉 잠가! 쟤네 신경 쓰지 말고!

넵!

그러자 지 씨 가문은 그들에게 물을 부었어.

하 하 하 하

지 씨 가문은 동북에서 물을 끌어와 진양에 물을 부어 큰 재난을 만들었다.

양콴(楊寬)《전국사(戰國史)》

세 가문은 자신들의 나라 사람들을 데리고 진양을 포위하고 그곳에 물을 부었다. 성에서 잠기지 않은 곳은 6척인 세 판뿐이었다. 부엌이 물에 잠기고 개구리가 알을 낳았지만, 백성들은 배반할 생각을 하지 않았다.

《자치통감(資治通鑑)·주기(周紀) 1》

73) 진양(晉陽) : 산시(山西)성 타이위안(太原)시. – 역주.

더 이상 버티기가 어려울 것으로 보이자,

성이 항복할 날이
얼마 남지 않았다.
《자치통감(資治通鑑)
·주기(周紀) 1》

조 씨 가문은 재빨리 한 씨, 위 씨 두 가문에 연락했어.

조양자는 장맹담(張孟談)을
몰래 성에서 빠져나가게 해서
위환자와 한강자 두 사람을 만나
말하게 했다. "입술이 없어지면
이가 시리다는 이야기가 있습니다.
지금 지백이 한과 위를 거느리고
우리 조나라를 공격하고 있는데,
우리 조가 망한다면 한과 위가
다음 차례가 될 것입니다."
《자치통감(資治通鑑)
·주기(周紀) 1》

한 씨, 위 씨 가문은 생각했지. "맞네!"

두 사람이 말하길
"우리도 마음속으로는
그럴 것이라는 것을
알고 있습니다."
《자치통감(資治通鑑)
·주기(周紀) 1》

그래서 세 가문은 몰래 계획을 세웠지.

@한 씨 @위 씨

오늘은 내가
당하지만
내일은 너희가
당할 수 있어.

18:01

예!

두 사람은 결국
장맹담과 몰래
약속을 하고,
이를 위해 날짜를 정해
그를 돌려보냈다.
《자치통감(資治通鑑)
·주기(周紀) 1》

먼저 조 씨 가문은 지 씨 가문 군대 진영에 물이 역류하게 만들었어.

이게
무슨
일이야?!

조양자가 밤에
사람을 시켜서
제방을 지키는
관리를 죽이고,
물꼬를 터서 물이
지백의 군대 쪽으로
흐르게 했다.
《자치통감(資治通鑑)
·주기(周紀) 1》

지 씨 가문의 최전방 군대가 혼란에 빠지고
물난리를 수습하느라 정신이 없을 때…

빨리!
막아라!

지백의 군대가
물난리를 해결하느라
혼란에 빠졌다.
《자치통감(資治通鑑)
·주기(周紀) 1》

한 씨, 위 씨 가문이 양쪽에서 그를 공격했어!

한과 위의 군대가
양쪽 날개에서
그들을 공격했다.
《자치통감(資治通鑑)
·주기(周紀) 1》

지 씨 가문은 망연자실하고 말았지….

결국 한 씨, 조 씨, 위 씨 가문이 3면에서 지 씨 가문을 공격했어!

조양자는
군대를 거느리고
그 앞을 치고 나갔다.
《자치통감(資治通鑑)
·주기(周紀) 1》

지 씨 가문은 그 자리에서 모두 죽고 말았지….

지백의 무리를 무너뜨리고
지백을 죽였으며,
지 씨 가문 사람들을
모두 없애버렸다.
《자치통감(資治通鑑)
·주기(周紀) 1》

이때부터 지 씨 가문의 세력은 나머지 세 가문에게 흡수되었어.

조양자, 한강자, 위환자가
함께 지백을 죽이고
그 땅을 다 차지했다.
《사기(史記)·
진세가(晉世家)》

네 가문이 세 가문으로 바뀌었지.

이때부터 '세 가문의
진나라 나누기' 국면이
펼쳐졌다.
양콴(楊寬)
《전국사(戰國史)》

한 씨, 조 씨, 위 씨는 진나라의 조정을 장악하고 있었을 뿐만 아니라,

진나라는 명목상으로는
세 가문이 받들고 있는
것이었지만, 사실상은
세 가문의 속국이나
다름없었다.

양콴(楊寬)

《전국사(戰國史)》

끊임없이 밖으로 힘을 키워나갔어.

조양자는 다른 가문들과 지 씨 가문을 함께 멸망시킨 뒤
중산(中山) 지역도 공격했다… 이때 세 가문의 힘이 모두 강해서
점차 중원에서 자신들의 세력을 발전시키고 영토를 넓혀가고 있었다.

양콴(楊寬) 《전국사(戰國史)》

각자의 세력은 점점 커져서

'한물간' 큰형님 주나라 천자도 그들의 힘을 인정해주지 않을 수 없었어.
그리고 그들을 각각 제후로 임명했어.

위열왕 23년… 처음으로
진나라 대부 위사(魏斯),
조적(趙籍), 한건(韓虔)을
제후로 삼았다.
《자치통감(資治通鑑)·
주기(周紀) 1》

여기, 큰형은
너희가 해….

춘추시대 말기의 '거인' 진나라는 다른 나라에 패한 적은 없었지만…

나라 안에서 분열이 일어나면서
세 개의 신흥 강국으로 바뀌었어.

진나라의 대부들은 그들의 임금을 난폭하게 멸시하고 진나라를 쪼개었다.
《자치통감(資治通鑑)·주기(周紀) 1》

춘추시대에
제후들은 여전히 주나라에 대한 예의를 지키고 있었어.

춘추시대에는 제후를 낮추고, 왕실을 높였으며
왕이 미약하더라도 제후의 위에 두었다.
《자치통감(資治通鑑)·주기(周紀) 1》

아무리 나라가 강해도 패주의 자리까지만 욕심냈고,

나라와 나라 사이에 합병은 있었어도,
'아랫고양이가 윗고양이를 공격하는 경우'는 거의 없었어.

하지만 '세 가문의 진나라 나누기' 사건은
새로운 봉건 세력과 옛 귀족 간의 전쟁을 의미했어.

주나라 천자가 한 씨, 조 씨, 위 씨 가문의 행동에 대해
아무런 벌도 내리지 않고 오히려 제후에 임명했다는 것은
주군과 신하 간의 '규칙'이 완전히 파괴되었다는 것을 뜻해.

내가 그렇게
하고 싶었을 거라고
생각해?

선왕들로부터 내려온 예법은
여기에서 끝나게 되었다.
《자치통감(資治通鑑)·주기(周紀) 1》

'구정'은 원래 주나라 천자의 권력을
나타내는 것이었다. 이렇게 대부들을
제후로 임명하도록 강요한다는 것은
예법에 비춰봤을 때 분명
천자의 권력을 뒤흔드는 큰일이었다.
양콴(楊寬)《주대사(周代史)》

간단하게 말하면,
똑똑한 머리와 힘만 있으면 누구나 패주의 자리를 차지할 수 있는 거야.

임금과 신하의 예법이
이미 무너졌으니, 천하의 지혜와
힘을 가진 자들이
서로 자라났다.
《자치통감(資治通鑑)·주기(周紀) 1》

형님이라고 불러!

주나라 초기의 800개 제후국들은 거의 다 사라졌고,

살아남은 나라들 중 7개의 강대국이 동시에 존재했어.

당시, 세상은 일곱 나라로
나뉘어 싸우는 전국시대였다.
뤼쓰미안(呂思勉)
《선진사(先秦史)》

중화민족의 대륙에서 더욱 혼란스러운 시기가 시작된 거야.

이후 천하는
서로 다투게 되었다.
《사기(史記)·평준서(平準書)》

* 전국 : 춘추시대 이후부터 진나라가 중국을
  통일하기 전까지 혼란스러웠던 시기.

그렇다면, 그 후의 역사의 수레바퀴는 어디로 흘러갔을까?

이어서 계속

세 가문으로 나뉜 진(晉)나라

편집자의 말 ◇◇◇◇◇◇◇◇◇◇◇◇◇◇◇◇◇◇◇◇◇◇◇◇◇◇◇◇◇◇◇

옛날 중국인들의 '성(姓)'과 '씨(氏)'는 서로 다른 것이었다. 성은 민족을 나타내는 것으로 동일한 선조를 가리키는 데 쓰였고, 씨는 하나의 민족을 여러 갈래로 나눈 뒤 각각의 갈래를 일컫는 말이었다. 일부 역사서에서 한, 위로 기록한 것은 모두 성이 희(姬)인(주나라 왕실과 같은 성인) 민족을 말하는 것이고, 한은 진(晉)나라 공족의 후손이다. 하지만 중국의 저명한 역사학자 바이서우이는 진나라를 셋으로 나눈 가문들의 성에 문제가 있다고 말했다. 한 씨, 위 씨 가문은 성이 희가 아닐 가능성이 크고, 사실은 다른 성의 귀족들이 희 성의 귀족들의 정권을 대신했다는 것이다. 이 부분에 대해서는 바이서우이의 주장을 따랐다.

전국시대가 시작된 시점에 대해서는 일곱 가지의 주장이 있고, 춘추시대가 끝난 시점에 대해서도 네다섯 가지의 주장이 있다. 이 책에서는 《자치통감(資治通鑑)》의 구분법, 기원전 403년 '세 가문으로 나뉜 진나라'를 춘추의 끝과 전국의 시작으로 사용했다.

지 씨 역 - 전병   조 씨 역 - 만두   한 씨 역 - 순두부   위 씨 역 - 새알심

참고 문헌 : 《사기(史記)》, 《국어(國語)》, 《좌전(左傳)》, 《자치통감(資治通鑑)》, 리쉬에친(李學勤) 편집장 《전국사와 전국문명(戰國史於戰國文明)》, 젠보짠(翦伯贊) 《중국사 요강(中國史綱要)》, 퉁쑤예(童書業) 《춘추사(春秋史)》, 바이서우이(白壽彝) 《중국통사(中國通史)》, 양치우메이(楊秋梅) 《진나라를 부흥시킨 군주—진헌공(晉國的始盛之君—晉獻公)》, 양콴(楊寬) 《전국사(戰國史)》, 《주왕조사(周代史)》, 뤼쓰미안(呂思勉) 《선진사(先秦史)》, 인민교육출판사 《고등학교 과정 표준 교과서·필수 역사 1》

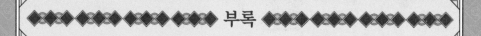
6대 세력

지 씨, 한 씨, 조 씨, 위 씨 외에도 가장 초창기에 진나라를 장악했던 가문에는 범(范) 씨와 중항(中行) 씨도 있었어. 이들 모두를 '육경(六卿)'이라고 불렀지. 하지만 이 두 가문은 일찍이 다른 가문들에 의해 멸망하고 말았어.

천사의 예언

《사기(史記)》에 보면 지 씨, 한 씨, 위 씨 세 가문이 조 씨 가문을 칠 때, 세 명의 '천사'가 조 씨 가문에게 대나무 막대기를 하나 주었는데, 이를 부러뜨려 보니 그 속에 조 씨 가문이 반드시 승리할 거라는 예언이 들어 있었다고 해.

구정이 큰 진동을 일으키다

한 씨, 위 씨, 조 씨가 제후에 임명되던 해에 주나라 천자의 왕권을 상징하는 구정이 큰 진동을 일으켰어. 어떤 사람은 이것이 주나라가 곧 무너질 전조라고 생각했어.

야옹이들의 프로필

<전병의 소소한 취미>

핵

핵

탕!

저 한정판 치마 살게요. 빨리 포장해주세요!

네…

속

<만두의 소소한 취미>

제 취미는 귀여운 치마를 사는 거에요.

저는 만두예요.

죄송합니다. 또 한 발 늦으셨어요….

하지만 제가 갈 때마다 치마는 이미 팔린 뒤였죠!

도대체 누구야?!

예쁘다!

전병

물고기자리
생일 : 3월 3일
키 : 182cm
가장 좋아하는 꽃 : 벚꽃
가장 좋아하는 음식 : 마카롱
성격 : 세심한 성격. 낯을 가리
고, 쉽게 긴장하는 편이다.

(인간 전병 소개)

전병의 도시락

제 20 장

•

상앙의 새로운 개혁 정책, 상앙변법(商鞅變法)

진(秦)나라는

변방에 위치한 나라였어.

진(秦)나라는 서쪽 변방의 나라였다.
뤼쓰미안(呂思勉)《선진사(先秦史)》

그들의 선조는 말을 키워 가문을 발전시켰지.

비자[74]는 견구(犬丘)에 살았는데, 말과 가축을 좋아해서 잘 기르고 번식시켰다…
효왕[75]이 비자를 불러서 견수(汧水)와 위수(渭水) 사이에서 말들을 기르게 했다…
"그 후손들이 짐을 위해서 말을 번식시켰기에 짐이 땅을 나누어주어
속국으로 삼고자 한다." 그렇게 해서 진(秦)에 도읍을 정하게 했다.

《자치통감(資治通鑑)·주기(周紀) 1》

---

74) 비자(非子) : 진시황제의 시조. – 역주.
75) 효왕(孝王) : 서주 제8대 왕. – 역주.

훗날 천자를 호위한 공으로

큰형님이
후퇴하실 수 있게
어서 보호해!

네!

주가 견융(犬戎)의 난을 피해
동쪽 낙읍76)으로 천도할 때
양공77)은 군대를 이끌고 주
평왕(平王)을 호송했다.
《사기(史記)·진본기(秦本紀)》

제후로 임명되었지.

평왕은 양공을 제후로 봉하고
기산78)의 서쪽 땅을 하사했다.
《사기(史記)·진본기(秦本紀)》

하지만…
'말을 키웠다'는 출신 때문에…
줄곧 중원 국가들에게 무시를 당했어….

말 키우는 게
뭐 어때서?

< 위챗(137)   단톡방(23)

오후 9:46

'주나라 천자'님이 초대함

晉 야, 말 키우는 애.

齊 하하하, 쟤는 어떻게 들어온 거야?

宋 으, 냄새

魯 하하하하하하하하.

…

秦

모두 진(秦)을 오랑캐로
대하며 배척해서
중원(中源)의 모임에
부득이
참여할 수가 없었다.
《자치통감(資治通鑑)·
주기(周紀) 2》

76) 낙읍(洛邑) : 지금의 허난(河南)성 뤄양(洛陽)시. – 역주.
77) 양공(襄公) : 진(秦)나라의 1대 군주. – 역주.
78) 기산(岐山) : 지금의 산시(陝西)성 바오지(宝鸡)시. – 역주.

그래서 역대 진나라 군주들에게는

나라의 힘을 키워서 중원의 '상류사회'로
들어가는 것이 가장 중요한 목표였어.

진나라는 서서히 동쪽으로
발전해나갔다… 중화민족
제후들의 패주 다툼과
모임에 참여하기 시작했다.
바이서우이(白壽彝)
《중국통사(中國通史)》

하지만… 그걸 어떻게 하지?

효공(孝公)은… 나라에 다음과
같은 명을 내렸다…
"빈객과 신하들이
진나라를 강하게 만들 수 있는
기이한 계책을 내준다면
내가 높은 관직을 주고
땅을 나누어 줄 것이다."
《사기(史記)·진본기(秦本紀)》

이 난제는 한 고양이가 나타나면서 쉽게 해결되는데

그가 바로
상앙(商鞅) 고양이야.

상앙

상앙은 위(衛)나라의
서자 공자로 이름은 앙(鞅),
성은 공손(公孫)이었다.
《사기(史記)·
상군열전(商君列傳)》

상앙 고양이는 원래 위나라에서 일을 하고 있었어.

탁 탁 탁

공손앙은 젊어서
형명학79)을 좋아했고,
위(魏)의 재상인
공숙좌(公叔座)를 모셔
중서자80)가 되었다.
《사기(史記)·
상군열전(商君列傳)》

<hr>

79) 형명학(刑名學) : 법으로 나라를 다스려야 한다는 학문. – 역주.
80) 중서자(中庶子) : 관직 이름. – 역주.

위나라 재상 공숙자가 위왕에게 상앙 고양이를 추천한 적이 있었는데

공숙이 "숙좌의 중서자
공손앙이 나이는 어리지만
특별한 재주가 있으니
왕께서 나라를 그에게
맡겨보시길 바랍니다"
라고 했다.
《사기(史記)·
상군열전(商君列傳)》

혜왕은 그곳을 떠난 뒤
주위 사람들에게 "공숙의 병이
깊어 슬프구나! 과인에게
나라를 공손앙에게 맡기라고 하니
어찌 황당무계하지 않겠는가?"
라고 했다.
《사기(史記)·상군열전(商君列傳)》

하지만 위왕은 듣지 않았지….

그러자 상앙 고양이는 자신만의 정치 이론을 가지고
진나라로 가게 되었어.

공손앙은 진나라의 효공이
나라 안의 유능한 사람을 구한다는
명령을 내렸다는 소식을 들었다…
서쪽의 진나라로 들어가서
효공이 총애하는 신하 경감(景監)을
통해 효공을 만나고자 했다.
《사기(史記)·상군열전(商君列傳)》

효왕은 처음에는 상앙 고양이의 이론을 좋게 보지 않았어.

하지만 네 번의 면담을 통해

상앙 고양이는
효왕의 마음을 사로잡았지!

효공은 상앙을 만나 오래도록 이야기를 나누었지만 수시로 조는 바람에
상앙의 말을 제대로 듣지 못했다… 효공이 다시 상앙을 만났을 때는
조금 나아지기는 했으나 자신의 뜻과는 맞지 않았다… 효공이 다시 상앙을
만났을 때 효공은 상앙을 좋게 여기기는 했지만 기용하지는 않았다…
효공이 다시 상앙을 만났다. 효공이 함께 이야기를 나누다가 자기도 모르는
사이에 상앙의 자리에 가까이 다가갔다. 며칠 동안 이야기를 나누고도
싫증을 내지 않았다.
《사기(史記)·상군열전(商君列傳)》

상앙의 새로운 개혁 정책, 상앙변법(商鞅變法)

결국!
상앙 고양이가 주도하는 진나라의 발전 계획이 첫발을 떼게 되었어….

효공은 상앙을 기용했다…
상앙을 좌서장[82]으로 삼고
마침내 법을 바꾸는 변법령을
확정했다.
《사기(史記)·
상군열전(商君列傳)》

이것이 바로 '상앙변법(商鞅變法)'이야.

상앙변법의 시작은 '세경세록제[83]'를 폐지하고,
'관료제(官僚制)'를 시행하는 것이었어.

군공이 있는 사람을 관리로 뽑았다…
'세경세록제'를 폐지했다.
인민교육출판사
《고등학교 과정 표준 교과서·
선택 역사 1》

---

82) 좌서장(左庶長) : 중국 진나라 때 시행된 이십등작 가운데 10등급에 해당하는 작위. – 역주.
83) 세경세록제(世卿世祿制) : 가문이 대대로 그 지위와 녹봉을 세습하는 제도. – 역주.

간단하게 말하면, 원래 '아버지의 지위를 아들이 물려받는' 제도를…

세록은… 대대로 녹봉을
물려받는 것이고…
세경은… 대대로
높은 관직인
경과 대부의 지위를
물려받는 것이다.
상무출판사(商務印書館)
《고대한어사전 제2판
(古代韓語辭典 第二版)》

바꿔서…

'소임을 다하면 자리를 내놓아야 하는' 제도로 만든 거지….

왕족이라도 군공이
있는지, 없는지를 따져
친족 명부에
올리지 못하게 했다.
《사기(史記)·
상군열전(商君列傳)》

이 법이 실시되자 귀족들의 지방 세력이 약해졌을 뿐만 아니라

군공이 있는 사람들을
기용해서 종실의 옛 귀족들의
권력을 제재했다.
바이서우이(白壽彝)
《중국통사(中國通史)》

중앙에서 지방을 컨트롤하는 힘도 강화되었어.

중앙 집권이 강화되었다.
인민교육출판사
《고등학교 과정 표준 교과서·
선택 역사 1》

이는 사실상 수년 뒤 진나라의
군현제[84]의 전신이었어.

진나라가 통일한 뒤…
전국적으로 군현제를
실시했다.
인민교육출판사
《고등학교 과정 표준 교과서·
선택 역사 1》

---

84) 군현제(郡縣制) : 전국을 몇 개의 행정구획으로 나누고 여기에 중앙에서 임명한 지방관을 파견해
다스리던 중앙집권적 지방행정제도. – 역주.

또한 이천 년 넘게 계속된 중국의 봉건 사회를
중앙집권으로 바꾸는 시초가 되었지.
(진짜 멋있지 않아?)

중앙집권제도는
이천 년이 넘은 중국의
정치제도의 기본 골격을
다시 다졌다.
인민교육출판사
《고등학교 과정 표준 교과서·
선택 역사 1》

하지만 상앙 고양이가 내세운 변법의 주된 목표는 사실 두 가지였어.

첫 번째는 부유한 나라를 만드는 거야.

상앙변법은 먼저 농업의
생산력을 발전시키고
경제적인 힘을 기르게 했다.
인민교육출판사
《고등학교 과정 표준 교과서·
선택 역사 1》

상앙의 새로운 개혁 정책, 상앙변법(商鞅變法)

당시 상황을 보면, 철기가 등장하면서

철제 농기구와 소로
논밭을 가는 소갈이가 등장한 뒤
점차 폭넓게 사용되었다.
인민교육출판사
《고등학교 과정 표준 교과서·
선택 역사 1》

생산력이 크게 향상된 상태였어.
(모든 성인 고양이들이 더 많은 양식을 생산할 수 있었어.)

농업의 생산력이 크게 발전했고,
수공업 기술도 점점 더 발전했다.
인민교육출판사
《고등학교 과정 표준 교과서·
선택 역사 1》

그래서 상앙 고양이는 농사를 많이 지을수록
더 많이 보상해주는 법을 만들었어.

본업에 힘을 다하게 해서 농사와
베짜기에 수확이 많은 자는 노역을
면제해주었다.
《사기(史記)·상군열전(商君列傳)》

최선을 다해 생산하고, 곡물과 직물을
많이 생산한 사람에게 노역을
면제해주었다.
바이서우이(白壽彝)
《중국통사(中國通史)》

그리고 한 집에 두 명의 성인 남자 고양이가 산다면

아버지　아들

반드시 분가를 시켰어.

부자나 성인 형제가 함께
사는 것을 금지하고,
부부로 구성된 소가족 정책을
강제로 시행했다.
인민교육출판사
《고등학교 과정 표준 교과서·
선택 역사 1》

아버지　아들

그러고 나서 집 단위로 세금을 걷었지.

집마다 받은 논밭에 따라
나라에 세금을 냈다.
바이서우이(白壽彝)
《중국통사(中國通史)》

상앙의 새로운 개혁 정책, 상앙변법(商鞅變法)

이렇게,
백성 고양이들은 농사를 더 많이 짓게 되면서 수입이 늘어났고,

나라는 이로 인해 더 많은 세금을 거둘 수 있었어.

일거양득!

상앙의 1주택 1가구 제도, 남자는 농사짓고 여자는 직물을 짜는 생산 방식은
봉건 생산력과 봉건 생산 관계의 발전에 도움을 주었다.
이런 1주택 1가구 단위의 소농 경제는 봉건 정치의 경제적 기초가 되었다.
바이서우이(白壽彛)《중국통사(中國通史)》

두 번째는 강력한 군대를 만드는 거야.

상앙변법의 근본적인 목표는
부유한 나라를 기반으로
강력한 군대를 키우는 것이었다.
인민교육출판사
《고등학교 과정 표준 교과서·
선택 역사 1》

상앙 고양이는 진(秦)나라에서 군공작(軍功爵)제도를 시행했어.

군공을 세우는 것을 장려하고,
스무 등급의 작위 제도를 시행했다.
인민교육출판사
《고등학교 과정 표준 교과서·
선택 역사 1》

이 제도는 만약 전쟁에서 적을 죽이면,

한 명을 죽일 때마다 한 개씩 공을 기록했지.

군공을 세우는 것을
장려하는 구체적인 방법은
전쟁 중에
적의 목을 하나 베면
1급 작위를 주고…
적의 목을 두 개 베면
2급 작위를 주었다.
바이서우이(白壽彝)
《중국통사(中國通史)》

적을 많이 죽이면 죽일수록 돈도 받고, 집도 받고

귀하고 천함, 벼슬과 작위의 등급을
분명히 해서 땅과 집을 차등으로
등록하게 했고, 노비의 옷도
그 집안의 등급에 따라
달리 입게 했다.
《사기(史記)·상군열전(商君列傳)》

심지어 관직을 받을 수도 있었어!

관직에 오르는 것과
적군의 목을 베어
군공을 세우는 것이
서로 비례했다.
바이서우이(白壽彝)
《중국통사(中國通史)》

하지만 이 법 때문에 문제가 생겼어….
진나라 백성 고양이들이 너무 흥분해버린 거지.

이 법이 만들어졌다는 것은…
부자가 되고 싶으면 다른 고양이를
죽이라고 말하는 것과 같기 때문이야.

군대에서 공을 세우면
그 정도에 따라 벼슬을 높여 주었다.
《사기(史記)·상군열전(商君列傳)》

생각해봐….

그때부터 진나라 군사들 눈에 적군의 머리는
더 이상 머리가 아니었어….

모든 진나라 군사들은 전장에만 가면
약이라도 먹은 것처럼 미친 듯이 고양이를 죽였지.

백성들은
나라의 전쟁에
용감했다.
《사기(史記)·
상군열전(商君列傳)》

그래서 다른 여섯 나라 군사들은
진나라 군사들을 만나기만 하면 벌벌 떨었어.

상앙 고양이는 백성들에게 열심히 농사를 지으라고 격려하면서도

"상앙은 안으로는 농업을 급속도로 발전시켰고."
《반경(反經)·신행(臣行)》

상앙의 새로운 개혁 정책, 상앙변법(商鞅變法)

한편으로는 열심히 고양이를 죽이라고 격려했지.

"밖으로는 전쟁에서
군공을 세운 사람에게
작위를 내려 격려했습니다."
《반경(反經)·신행(臣行)》

상앙 고양이의 변법은 큰 효과를 거뒀어.

5년째, 진나라와
백성들이 부강해졌다.
《사기(史記)·
상군열전(商君列傳)》

진나라는 불과 몇 년 만에
전국시대에 가장 강한 나라가 되었어.

진 20 레벨 업!

뒤처진다는 꼬리표를 완전히 떼어버렸을 뿐만 아니라
아무도 막을 수 없는 '괴물'이 되어버린 거야.

천자는 효공에게 제사 고기를 보내왔고
제후들이 모두 축하했다.
《사기(史記)·상군열전(商君列傳)》

진나라는 호랑이와 이리 같은 나라입니다.
《사기(史記)·굴원가생열전(屈原賈生列傳)》

대거 합병이 일어났던 전국시대에
각 나라는 표면적으로는 군사력 경쟁을 한 것처럼 보이지만

전국시대의 합병 전쟁은
춘추시대 때보다
더 격렬하고 빈번했고,
규모도 더 컸다.
젠보짠(翦伯贊)
《중국사 요강(中國史綱要)》

상앙의 새로운 개혁 정책, 상앙변법(商鞅變法)

사실은 개혁 능력의 싸움이었어.

전쟁이 끊이지 않았던 전국시대에…
표면적으로는 군사력 대결처럼 보였지만
근본적으로는 개혁 능력의 싸움이었다.
《국무원발전연구센터 연구총서·
개혁 방법론과 추진 방식 연구》

새로운 발전을 위해서는 새로운 국가 제도가 필요한데
'상앙변법'이 바로 새로운 시대의 변화에 알맞은 제도였던 거지.

경제적 기초의 변화는
상층부의 변화를
요구했다.
인민교육출판사
《고등학교 과정 표준 교과서·
선택 역사 1》

그 제도가 대단했던 이유는
진나라 후대의 모든 발전에 영향을 끼쳤기 때문이야.

상앙변법의 수많은 구체적인
조치들은… 오랫동안
활용되었고 후대에
깊은 영향을 끼쳤다.
인민교육출판사
《고등학교 과정 표준 교과서·
선택 역사 1》

이 제도는 진나라가 천하를 통일할 수 있는
튼튼한 기초를 닦았을 뿐만 아니라,

이후 다른 왕조에까지 계승되었어.

한(漢)나라가
진(秦)나라의 제도를
계승했다.
《진서(晉書)·지(志)·
제20장》

진나라의 발전을 막을 고양이는 아무도 없었지.
그렇다면 다른 여섯 나라는 어떻게 이에 대처했을까?

야옹!

이어서 계속

상앙의 새로운 개혁 정책, 상앙변법(商鞅變法)

편집자의 말 ◇◇◇◇◇◇◇◇◇◇◇◇◇◇◇◇◇◇◇◇◇◇◇◇◇◇◇◇◇◇◇◇

전국시대 초기, 사회에는 많은 변화가 일어났다. 많은 나라들이 변법과 개혁을 실시했다. 예를 들어 위나라에는 이회(李悝)변법, 초나라에는 오기(吳起)변법 등이 있었다. 상앙은 이회의 제자로 변법 역시 위나라의 변법과 닮은 점이 있다. 예를 들어 당시 진나라의 법도 이회의 《법경(法經)》을 참고해 만든 것이었다.

상앙변법은 두 차례로 나뉘는데, 첫 번째 변법 내용에는 법 공표, 연좌제 시행, 농업 중시 및 상업 제한, 농사와 전쟁 장려, 사적인 싸움 금지, 군공에 따라 포상을 내리는 20등급 작위제도 등이 포함된다. 두 번째 변법 내용에는 정전제[85] 폐지, 토지 사유 승인, 군현제 도입, 도량형 통일, 함양[86] 천도 등이 포함되었다. 상앙이 정한 형법은 매우 엄격해서 작은 죄도 엄히 다스렸다. 예를 들어 길가에 쓰레기를 버리면 두 손을 잘랐다. 새로운 법에는 연좌제가 시행되어 일부 무고한 사람들도 벌을 받게 되었다. 이 엄격한 법은 한편으로는 진나라를 길가에 물건이 떨어져도 줍지 않는 질서 있는 나라로 만들었지만, 다른 한편으로는 백성들에게 고통을 안겨 주었다.

상앙 역 - 꽃빵

참고 문헌 : 《사기(史記)》, 《상군서(商君書)》, 《자치통감(資治通鑑)》, 《반경(反經)》, 《진서(晉書)》, 뤼쓰미안(呂思勉) 《선진사(先秦史)》, 젠보짠(翦伯贊) 《중국사 요강(中國史綱要)》, 인민교육출판사 《고등학교 과정 표준 교과서·필수 역사 1》, 상무출판사(商務印書館) 《고대한어사전 제2판(古代韓語辭典 第二版)》, 《국무원발전연구센터 연구총서 : 개혁 방법론과 추진 방식 연구》

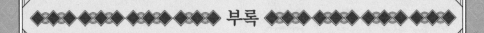
귀족 상앙

변법으로 세상에 이름을 알린 상앙은 사실 위(衛)나라 군주의 후손이었어. 그래서 상앙은 공손앙 또는 상앙이라고도 불렸지.

난 공손앙. 성별 남자, 국적은 위나라야.

사목입신(徙木立信)

변법을 시행하기 전, 상앙은 도성의 남문에 나무 기둥을 세웠어. 그리고 누구든지 이것을 북문으로 옮기면 큰 상금을 내리겠다고 말했지. 이는 새로운 법의 위신을 세우기 위해서였어.

법을 어긴 왕자

상앙의 새로운 법은 매우 엄했는데, 태자가 법을 어기고 말았지. 그러자 상앙은 태자의 선생에게 벌을 내렸어. 법 앞에 모두가 평등하다는 것을 보여준 거야.

---

85) 정전제(井田制) : 토지의 한 구역을 '정(井)'자로 9등분해서 8호의 농가가 각각 한 구역씩 경작하고, 가운데 있는 한 구역은 8호가 공동으로 경작해 그 수확물을 국가에 조세로 바치는 토지제도. – 역주.
86) 함양(咸阳) : 지금의 산시(陝西)성 시엔양(咸阳)시. – 역주.

야옹이들의 프로필

꽃빵 극장

\<꽃빵의 보디가드 1\>

재단의 아들인 꽃빵의 곁에는 항상 많은 보디가드들이 있어.

밥 먹을 때는 이렇게.

쇼핑할 때는 이렇게.

화장실 갈 때도 이렇게….

저기요!

\<꽃빵의 보디가드 2\>

꽃빵의 곁에는 항상 많은 보디가드들이 있어.

그들은 길가 곳곳에 숨어 있어.

몰래 꽃빵을 보호하기 위해서.

풀숲 곳곳에도 숨어 있고.

화장실 곳곳에도 숨어 있지….

꽃빵

사자자리
생일 : 8월 15일
키 : 179cm
가장 좋아하는 꽃 : 모란꽃
가장 좋아하는 음식 : 볶음밥
성격 : 명랑하고 돈 쓰는 데 통이 크지만 세심한 성격이다.

(인간 꽃빵 소개)

꽃빵의 도시락

제 21 장

•

여섯 나라에 외교를 펼친 소진, 육국합종(六國合從)

춘추시대에는 예의를 차려가며 싸웠다면,

춘추시대에 제후들은
패왕이 되는 것만
생각했기 때문에,
중소 국가들의 항복을 얻어내고
나면 강대국들끼리는 직접적으로
부딪히지 않는 편이었다.
뤼쓰미안(呂思勉)
《중국통사(中國通史)》

전국시대에는… 정도, 의리도 없이 미친 듯이 서로 죽이기만 했어.

전국시대에… 제후들은
더 이상 주나라 천자를
신경 쓰지 않고 너도나도
스스로를 왕이라고 칭했다.
중소국가들은 말할 것도 없고…
강대국들 사이에도
더 이상 완충지대는 없었다.
뤼쓰미안(呂思勉)
《중국통사(中國通史)》

몇 백 년에 걸친 전쟁 끝에

중화민족의 대륙은 일곱 개의 세력이 공존하는 상황이 되었지.

각각
제나라, 초나라, 연나라, 한나라, 조나라, 위나라, 진(秦)나라였어.

전국시대에 중국 내의
독립적인 국가 수는
일곱 이상이었지만,
국가의 세력이 강성하고
앞다퉈 발전하던 나라는
진(秦)나라, 초나라, 제나라,
위나라, 한나라, 조나라,
연나라 일곱 나라뿐이었다.

바이서우이(白壽彝)

《중국통사(中國通史)》

이들 중, 진나라가 변법을 통해 빠르게 성장했어.

진나라가 상앙변법을
시행하니 부강해졌다.

《한비자(韓非子)》

여섯 나라에 외교를 펼친 소진, 육국합종(六國合從)

경제적으로든, 군사적으로든

상앙의 변법은
매우 빠르게 그 효과를 드러냈고,
진(秦)나라의 국력도 점점 더
강해졌으며, 대외 전쟁에서도
줄곧 승리했다.
청삐띵(程必定)
《중국경제(中國經濟)》

진(秦)나라는 다른 여섯 나라보다 모두 한 수 위였지.

상앙변법을 통해 진나라는 경제가 발전하고 군대의 전투력도
끊임없이 강해져서 전국시대 후기에 가장 강한 봉건국가가 되었다.
인민교육출판사 《의무교육 과정 표준 실험 교과서·7학년 상권》

이건 좀 곤란한 상황이었어….

일동 긴장

전반적으로 봤을 때, 여섯 나라가 상대하자니

일찍이 열 배가 되는
국토와 백만의 군대로
함곡관[87]을 올려다보며
진나라를 공격했다.
《과진론(過秦論)》

상대가 되지 않았고…

진나라 사람이 관문을 열고
적군을 맞이하면 아홉 나라의
군사들이 달아나고
감히 나아가지를 못했다.
《과진론(過秦論)》

---

87) 함곡관(函谷關) : 전국시대 진(秦)에서 산동(山東) 6국으로 통하던 관문. - 역주.

여섯 나라에 외교를 펼친 소진, 육국합종(六國合從)

복종하자니…

또 그건 마음에 들지 않았어.
(말할 수는 없었지만)

(한왕은) "과인이 못났지만 분명 진나라를
섬기지는 않을 것이오"라고 말했다…
초왕은 "과인의 나라는 서쪽으로 진나라와
접해 있고, 진나라는 파(巴), 촉(蜀)을 빼앗고
한중(漢中)을 집어삼킬 야심을 갖고 있소.
진은 호랑이와 이리 같은 나라라
친할 수 없소.
《사기(史記)·소진열전(蘇奏列傳)》

어쨌든 여섯 나라 모두 걱정이 이만저만이 아니었지.

진나라가 화살을
낭비하지 않아도
천하의 제후들은
이미 곤궁해졌다.
《과진론(過秦論)》

한편 '수요가 있으면 시장이 생긴다'는 말처럼
전문적으로 군주를 위해 아이디어를 내는
'말 잘하는' 고양이들이 등장하기 시작했어.

전국시대에 제후들에게
유세(자신의 주장을 설득)하던
사람을 말한다.
《법학사해(法學辭海)》

그들은 대부분 가난한 집안에서 태어났지만

말솜씨가 뛰어났지.

(종횡가[88]는) 종횡술로
때와 경우에 따라
편리한 쪽을 따랐다.
《전국책서록(戰國策書錄)》

88) 종횡가 : 중국 제자백가 중 당시 국제외교상에서 활약한 유세객들. ─ 역주.

여섯 나라에 외교를 펼친 소진, 육국합종(六國合從)

그중에 말솜씨가
유난히 뛰어난 고양이가 하나 있었는데

이 당시는, 광대한 천하에
수많은 민중들과 권위 있는 왕후와
고관(高官)과 꾀가 많은 모신(謀臣)들이
모두 소진을 통해서
정책을 결정하게 되었다.
《전국책·소진이 연횡으로
진(秦)을 말하다
(戰國策·蘇秦以連橫說秦)》

그가 바로 소진(蘇秦) 고양이야!

종횡가에 대해 말하자면…
대표적인 인물로는
소진이 있다.
동잉저(董英哲)
《선진명가사자연구
(先秦名家四子研究)》

소진은 어려서부터 이과 계통에는 약했지만,

그 입은… 나불나불, 날아다녔지….

내가 잘못했어! 그만해!

소진은 종횡가의 학설을
열심히 공부했다.
그는 귀곡자[89]의 제자였다.

슝졘핑(熊劍平)
《중국고대정보사
(中國古代情報史)》

성인이 된 그는 원래 자신의 말발로 먹고살려고 했지만

주나라 사람은 대대로 농사를 짓든,
상공업에 힘을 쓰든 20%의 수익을 내는데
지금 너는 근본을 버리고 입과 혀를
놀리는 일을 하려고 하니
《사기(史記)·소진열전(蘇秦列傳)》

아쉽게도… 섣부른 생각이었지…
(아무 데서도 합격 통지서를 받지 못했어…).

…

(소진은) 유세를 다닌 지
몇 년이 지났지만
수많은 고난과
좌절만 겪었다.
바이서우이(白壽彝)
《중국통사(中國通史)》

---

89) 귀곡자(鬼谷子) : 중국 전국시대 초나라의 사상가이자 종횡가. – 역주.

여섯 나라에 외교를 펼친 소진, 육국합종(六國合從)

직장을 구하지 못했을 뿐만 아니라, 매정한 가족들에게 비웃음을 샀어.

여러 해를 떠돌았으나
큰 곤란만 겪고
(집으로) 돌아왔다.
형제, 형수, 누이, 아내, 첩이
모두 그를 비웃었다.

《사기(史記)·
소진열전(蘇秦列傳)》

너무 수치스러웠어….

그래서 소진 고양이는 책 속에 머리를 파묻었어.

이에 밤을 새워
책을 펴보기 시작했다.
그렇게 수십 궤짝의
책을 보았다.

《전국책(戰國策)·
진책(秦策) 1》

열심히 책을 읽고!

주나라 책 《음부(陰符)》를 꺼냈다.
《사기(史記)·소진열전(蘇秦列傳)》

열심히 공부했지!

엎드려 그것을 읽었다.
《사기(史記)·소진열전(蘇秦列傳)》

여섯 나라에 외교를 펼친 소진, 육국합종(六國合從)

공부하다 졸리면, 자신의 허벅지를 송곳으로 찌르기도 했어….

> 책을 읽다가 잠이 오면,
> 송곳으로 허벅지를 찔러,
> 피가 다리까지
> 흘러내렸다.
> 《전국책(戰國策)·진책(秦策) 1》

결국
그는 가슴속에 큰 포부를 품고
다시 유세를 하러 떠나게 돼!

> 과연 1년 후 드디어
> 소진은 췌마법[90]을 터득했다.
> 《전국책(戰國策)·진책(秦策) 1》

그리고 실패하지….

---

90) 췌마(揣摩) : 자신의 마음으로 다른 이의 속마음을 미루어 헤아린다. - 역주.

한 번만 실패한 것도 아니야.
그는 주나라 천자를 만나러 갔는데…

주나라 현왕(顯王)을 만나
유세하려고 했다.
《사기(史記)·
소진열전(蘇奏列傳)》

거절당했어.

평소 그를 잘 알고 있던
현왕의 측근들은 그를
얕잡아 보고 믿지 않았다.
《사기(史記)·
소진열전(蘇奏列傳)》

진(秦)나라 군주도 만나러 갔지만…

(진(秦)왕은) 당시 상앙(商鞅)을
죽이고 말솜씨가 좋은
변사(辯士)들을 미워해서
(소진을) 기용하지 않았다.
《사기(史記)·
소진열전(蘇奏列傳)》

197

거절당했지.

조왕도 만나러 갔는데…

조 숙후(肅侯)는
동생 성(成)을
재상으로 삼고
봉양군(奉陽君)이라고
불렀다.
《전국책(戰國策)·
진책(秦策) 1》

음, 역시 거절당했어.

비참해!

봉양군이 소진을
좋아하지 않았다.
《사기(史記)·
소진열전(蘇秦列傳)》

그럼에도 소진 고양이는 전혀 기죽지 않았어.

사실 조금은
기죽었어.

한 바퀴 돌고 나서, 그는 뭔가를 깨달았어.

…

그때까지의
유세 실패를 통해
얻은 교훈을 종합해…
소진의 지혜가
크게 늘었다.
장따커(張大可)
《사기관지(史記觀止)》

여섯 나라에 외교를 펼친 소진, 육국합종(六國合從)

그것은 바로,
모두가 진나라의 힘을 겁내고 있다는 사실이었지….

> 종횡가는 변화하는 국제 정세에 끼치는 전략과 전술의 결정적인 영향을 중요하게 생각했다. 또한 자국과 적국의 관계를 재설정함으로써 각국의 힘의 상태를 바꾸고 나아가 전체 국제 정세 방향을 바꿨다.
>
> 슝젠핑(熊劍平)
> 《중국고대정보사(中國古代情報史)》

에헴! 드디어 그에게 주인공 후광이 켜지는 순간이었어.

1대1로 승부가 나지 않는다면,
왜 연합을 하지 않는 거지?

> 신이 천하의 지도를 놓고 가만히 살펴보니, 제후들의 땅은 진나라의 다섯 배이고, 병력은 열 배입니다. 여섯 나라가 하나가 되어 힘을 합쳐 서쪽으로 진나라를 공격한다면 진나라는 틀림없이 무너질 것입니다.
>
> 《사기(史記)·
> 소진열전(蘇秦列傳)》

그래서 소진 고양이는 이 포인트를 가지고
다시 여섯 나라 군주들에게 찾아가 이야기했어.

소진은… 당시 제후국들에서
유행한 객경제도[91]를 통해
일을 위임받고 공개적으로
사신으로서 활동했다.
슝젠핑(熊劍平)
《중국고대정보사(中國古代情報史)》

역시나 군주들은 이 이야기를 듣고
뭔가를 깨달았지.

组团惊讶
단체 소름

너도나도 소진 고양이에게
연합을 맺는 일을 맡기게 되었어.

이에 6국은 합종해서
힘을 합치게 되었다.
《사기(史記)·소진열전(蘇秦列傳)》

---

91) 객경(客卿) : 다른 나라에서 와서 공경(公卿)의 높은 지위에 있는 사람. – 역주.

소진이 가장 잘나갈 때는
여섯 나라의 신임을 받았을 뿐만 아니라,

소진은 합종의 장이 되어
6국의 재상을 겸하게 되었다.
《사기(史記)·
소진열전(蘇秦列傳)》

어딜 가든 화려하고 훌륭한 수레와 말을 타고,
보디가드 무리를 이끌고 다녔어.

수레, 말, 군수품뿐만 아니라
각 제후국들에서 그를
호송하기 위해 보낸
사자들의 수가 매우 많았다.
바이서우이(白壽彝)
《중국통사(中國通史)》

수레와 군수품이
왕에 견줄 수 있을 정도였다.
《자치통감(資治通鑑)》

소진 고양이의 이 계략이 당시의 상황에 엄청난 변화를 이끌었지.

원래 서쪽에 위치했던 진나라가
강력한 힘을 기반으로 점점 동쪽으로 진출하고 있어서

진나라의 세력이
갈수록 강해졌다.
진나라와 동방 나라들의
관계는…
사실상 갈수록 긴장이
고조되었다.

바이서우이(白壽彝)

《중국통사(中國通史)》

나머지 여섯 나라가 매우 위험한 상황이었는데

소진 고양이가 등장하면서
여섯 나라가 진나라에 대항하기 시작했고,
그들을 '하나로 뭉쳐 적에 맞서게' 했어.

두 가지 외교 사상이 나타났는데,
하나는 합종으로 한나라, 위나라,
조나라, 연나라, 초나라 제나라
총 여섯 나라가 힘을 합쳐
서쪽으로 겨냥하고, 함께
진(秦)나라에 대항하는 것이다.
대표자로는 소진이 있다.

마둥펑(馬東峰)

《연표로 읽는 중국사》

여섯 나라에 외교를 펼친 소진, 육국합종(六國合從)

소진 고양이가 여섯 나라의 맹약을
진나라에 전달하자

바로 진나라에
맹약서를 보냈다.
《사기(史記)·
소진열전(蘇奏列傳)》

아무리 막강한 진나라라도
함부로 움직일 순 없었어.

장장 15년의 시간 동안 동쪽을 향한
대규모 행동을 취하지 않았지.

진나라 군대가
함곡관을 15년 동안
감히 넘보지 못했다.
《사기(史記)·
소진열전(蘇奏列傳)》

이렇게 진나라를 가로막고 있던 보이지 않는 벽을

여섯 나라의 연맹은
진나라를 밤낮으로
두렵게 했다.
마둥펑(馬東峰)
《연표로 읽는 중국사》

역사에서는
'합종'이라고 불렀어.

'합종'은 '약국들이 힘을 합쳐
하나의 강국을 공격하는 것'이었다.
선창윈(沈長云)
《전국사와 전국문명(戰國史於戰國文明)》

합종은 '약국들이 힘을 합쳐
하나의 강국을 공격하는 것'으로
강국의 합병을 막는 데 목표가 있었다.
양콴(楊寬)《전국사(戰國史)》

그렇다면 여섯 나라의 연맹에 대해
진나라는 어떻게 대처했을까?

Loading...

이어서 계속

여섯 나라에 외교를 펼친 소진, 육국합종(六國合從)

소진에 대한 역사적 기록은 이전까지는《전국책(戰國策)》과 사마천의《사기(史記)》에서 주로 찾아볼 수 있었다. 하지만 1973년, 마왕퇴(馬王堆)가 지금의《전국책》과 유사한 백서를 발견하고 이를 편집해《전국종횡가서(戰國縱橫家書)》를 출간했는데, 이 책과《사기》속 소진에 대한 묘사에 상당한 차이가 있었다. 이로 인해 소진에 대한 정보가 엄청난 혼란에 빠지게 되었다. 주로 활동 시기, 주요 성과에 대한 논쟁이 가장 컸으며 쉽게 결론을 내릴 수 없었다. 하지만 종횡가의 대표격 인물로서 소진이 전국시대의 중요한 역사적 인물이라는 사실은 분명했다. 연구를 통해《전국종횡가서》역시《전국책》의 여러 판본 중의 하나이고, 이 자체로는 일정한 단편성과 제한이 있다는 것을 알게 되었다. 이 책에서는《사기》를 근거로 하되《전국책》등의 자료를 참고해서 결론을 이끌어냈다.

소진 역 - 떡

참고 문헌 :《사기(史記)》,《한비자(韓非子)》,《전국책(戰國策)》,《전국책서록(戰國策書錄)》,《자치통감(資治通鑑)》, 뤼쓰미안(呂思勉)《중국통사(中國通史)》, 바이서우이(白壽彛)《중국통사(中國通史)》, 청삐띵(程必定)《중국경제(中國經濟)》, 인민교육출판사《의무교육 과정 표준 실험 교과서·7학년 상권》, 동잉저(董英哲)《선진명가사자연구(先秦名家四子研究)》, 슝젠핑(熊劍平)《중국고대정보사(中國古代情報史)》, 장따커(張大可)《사기관지(史記觀止)》, 선창윈(沈長云)《전국사와 전국문명(戰國史於戰國文明)》, 양콴(楊寬)《전국사(戰國史)》

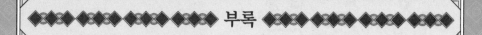

소진의 '그림자 신분'

소진에게는 두 명의 아우가 있었다는 이야기가 있어. 그 둘 모두 훌륭한 종횡가였는데, 후대의 역사적 자료가 모든 일을 소진의 업적으로 기록했어….

내 아이돌!!

소진의 팬

《사기(史記)》의 작가 사마천은 소진의 팬이었어. 그는 소진이 기지와 용기가 있는 사람이라고 생각했고, 특별히 《소진열전(蘇秦列傳)》을 써서 소진의 행적을 기록했어.

금의환향

소진은 합종에 성공한 뒤 제후들이 보내준 시종들과 재물을 가지고 집으로 돌아갔어. 예전에 그를 비웃던 친척들은 모두 놀라서 땅에 엎드렸고 감히 고개도 들지 못했지.

야옹이들의 프로필

만두 극장

<어떻게 하지?>

<위(胃)대한 만두>

* 한국 돈으로 약 3,000원

만두

전갈자리
생일 : 10월 31일
키 : 168cm
가장 좋아하는 꽃 : 계화꽃
가장 좋아하는 음식 : 불고기
성격 : 대충 일하는 면이 있지
만, 정의롭다.

(인간 만두 소개)

제 22 장

•

여섯 나라의 연합을 깬 비밀 요원 장의

전국시대 중후기, 진(秦)나라는
상앙변법을 통해 빠르게 우뚝 섰어.

효공이 상앙(商鞅)의 법을
채용해 풍속을 바꾸자,
백성들이 부유해졌고
국가는 부강해졌다.
《사기(史記)·
이사열전(李斯列傳)》

일곱 나라 중 '초강대국'이 되었지.

서쪽 지역에 위치했던 진나라는
지리적 위치의 이점 덕분에
변법 개혁에 성공했다…
전국시대 중기에 전방위적으로
영토를 확장했고
세력이 크게 늘었다.
선창원(沈長云)
《전국사와 전국문명(戰國史於戰國文明)》

돈부터 힘까지,

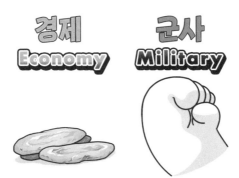

진나라는 다른 여섯 나라들보다 훨씬 강했지.

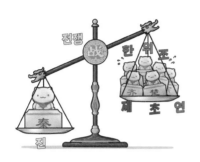

상앙변법을 통해 진나라는
경제가 발전하고 군대의 전투력도
지속적으로 상승했다.
이에 따라 전국시대 후기에
가장 부강한 봉건국가로
발전했다.
인민교육출판사
《의무교육 과정 표준 실험 교과서
·7학년 상권》

하지만 가시가 너무 크면
다른 이를 찌르기 쉽다는
옛말처럼

그 '가시'에 맞서기 위해
다른 여섯 나라들이 생존을 위해 연맹을 결성했어.

바로 진나라에
맹약서를 보냈다.
《사기(史記)·
소진열전(蘇秦列傳)》

여섯 나라의 연합을 깬 비밀 요원 장의

그러자 진나라도 좀 난처해졌어….

1대 60이라니,
힘든데…

秦 진

어떻게 하지?

이때, 어떤 고양이가 나타나면서
이 상황에 변화가 생겨.

(장의) 지혜는 나라를
강하게 만들기에 충분하고,
용맹함은 적을 위협하기에
충분하다.
《염철론(鹽鐵論)·포현(褒賢)》

그가 바로 진나라의 '비밀 요원'
장의(張儀) 고양이야.

비밀 요원

장의

장의는 진나라를 위해
합종을 파괴하고
연횡을 시행하려 했다.
《전국책(戰國策)》

장의는 어려서부터 총명했고,

고급 사립학교를 졸업했어.

장의(張儀)는
위(魏)나라 사람이다…
귀곡(鬼谷) 선생을 모시고
술(術, 종횡술)을 배웠다.
《사기(史記)·장의열전(張儀列傳)》

원래대로라면 빠르게 출세하고도 남았을 테지만

너무 가난했기 때문에…

그는 재능을 펼쳐보기도 전에
몰매를 맞는 일이 생겼어….

맞아!
가난하니까 분명히
얘가 그랬을 거야!

바로
얘야!

물건이
없어진 걸 보니
분명히 너야!

장의는 학업을 마치자
제후들에게 유세했다.
일찍이 초(楚)나라의
재상과 술을 마시다가
초나라의 재상이 벽옥(璧玉)을
잃어버린 일이 있었다.
재상의 문객들은 장의를
의심해서 "장의는 가난하고
행실이 좋지 않으니,
틀림없이 재상의 벽옥을
훔쳤을 것입니다"라고 했다.
모두 장의를 잡아서는
수백 대 때렸다.
《사기(史記)·
장의열전(張儀列傳)》

화가 머리끝까지 난 그는 맹세했어.
꼭 이 '원수'를 갚아줄 거라고!

흥!

초나라의 재상에게 격문을 써서
"내가 처음 당신과 술을 마시면서
내가 벽옥을 훔치지 않았는데 당신은
내게 매질을 했다. 당신은 당신의
나라를 잘 지켜라. 내가 이제 반대로
성을 훔치러 갈 테니!"라고 했다.
《사기(史記)·장의열전(張儀列傳)》

그래서 그는 진나라로 가서 충성을 다했어.

난 꼭
돌아온다!

장의는 연횡 정책으로
진나라의 재상이 되었다.
《염철론(鹽鐵論)·포현(褒賢)》

당시 상황에서
여섯 나라는 연맹이긴 했지만,

전반적으로
각자 자신만의 '속셈'이 있었어.

전국시대 중기에는
많은 일들이 일어나
정세가 분명하지 않았기 때문에
당시 각국의 나랏일의 성쇠,
연합과 분열의 관계에 대해
아무 말도 할 수 없었다.
《국사대강(國史大綱)》

지리적으로 보면
한나라, 조나라, 위나라 세 나라는 진나라와 마주하고 있어서

가장 많은 피해를 보고 있었어.

한나라와 위나라는 땅도 상대적으로 작고
진나라와 가까이 있어서 상황이 갈수록 긴박해졌다.
뤼쓰미안(呂思勉)《중국통사(中國通史)》

연나라, 제나라, 초나라는 진나라와 멀어서

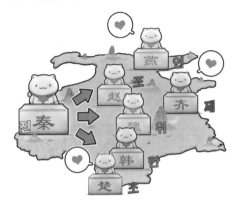

상대적으로는 여유로웠지.

(연나라는) 변방에 위치해서 강대국인 진나라와 거리가 멀었다.
(제나라는) 전쟁이 일어나던 중원의 변두리에 위치했다…
꽤 긴 시간 동안 강대국 진나라의 군대는 제나라에 그리 큰 위협이 되지 않았다…
(초나라는) 산시 지역 진나라와 거리가 멀고 안으로는 험난한 산과 강이
막아주어 수비하기에는 쉽지만 공격하기는 어려웠다.
《사기(史記)·장의열전(張儀列傳)》

한쪽은 최전방에서 총대를 메고 있는데

한쪽은 후방에서 구경만 하고 있었던 거야.

진나라가 여섯 나라를
집어삼키려는 위협 속에서
동방의 여섯 나라는
힘을 합쳐 함께
진나라에 대항하기는커녕
서로 암투를 벌이고 있었다.

선창원(沈長云)
《전국사와 전국문명
(戰國史於戰國文明)》

이런 연맹은 당연히 견고하지 못했고

이런 전제 조건 덕분에
장의 고양이 '비밀 요원'은 틈을 비집고 들어갈 기회가 생겼지.

그는 진나라의 도움으로
먼저 진나라와 가까운 위나라에 가서 관리가 되었어.

진나라를 위해
위(魏)나라의
재상이 되었다.
《사기(史記)·
장의열전(張儀列傳)》

먼저 위나라로 하여금 진나라를 섬기게 해서
제후들이 이를 본받게 하려고 했다.

착하지.
저런 나쁜 애들이랑
놀지 마.

알았냐?

먼저 위나라로 하여금
진나라를 섬기게 해서
제후들이 이를 본받게
하려고 했다.
《사기(史記)·
장의열전(張儀列傳)》

하지만 아쉽게도… 위왕은…

하지만…

위왕은 장의의
말을 듣지 않았다.
《사기(史記)·
장의열전(張儀列傳)》

듣지 않았어….

어차피 말을 듣지 않으니
장의 고양이는 진왕에게 전화를 걸었어.

장의는 다시
애왕에게 유세했으나
애왕은 듣지 않았다.
이에 장의는 몰래
진나라에게 위나라를
치게 했다.
《사기(史記)·
장의열전(張儀列傳)》

흠씬 두들겨 맞고 나자

위나라는 굴복하고 말았어….

장의는 다시
위왕에게 유세해서…
이에 합종의 맹약을 버리고
장의를 통해 진나라에
우호 관계를 청했다.
《사기(史記)·
장의열전(張儀列傳)》

이렇게 원래는 남북을 관통했던 '합종' 선이

위나라의 배신으로 파괴되었지.

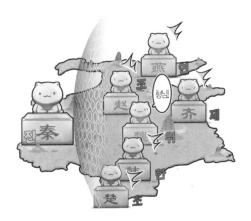

위나라 애왕은
합종을 배신하고
진나라와 우호 관계를
맺었다.
장따커(張大可)
《사기논저집성(史記論著集成)》

진나라는 중간에서부터 파고들어 여섯 나라의 연맹을 해체해버렸어.

장의는 위나라 재상으로
있으면서 몰래
진나라를 도왔다.
장의의 연횡 정책은
어느 정도 성공을
거두었다.
장따커(張大可)
《사기논저집성(史記論著集成)》

여섯 나라는 이후에도 여러 번 '합종'을 시도했지만
진나라는 매번 같은 방법으로,
즉 한 나라를 끌어들여서 그들의 연합을 파괴했어.

여섯 나라의 합종을
깨뜨리고 서쪽을 바라보며
진나라를 섬기게 했다.
《사기(史記)·
이사열전(李斯列傳)》

장의 고양이는 마치 진나라의 '비밀 요원'처럼

화려한 언변을 가지고 여섯 나라를 돌면서

(장의는) 제나라와 초나라의 재상과
설상(齧桑)에서 만났다…
진(秦)나라를 위해 위(魏)나라의
재상이 되었다… 장의는 초나라로
가서 재상이 되었다… 장의는
초나라를 떠나 한나라로 가서는
한왕에게 다음과 같이 유세했다…
장의를 동쪽으로 보내 제 민왕(湣王)에게
다음과 같이 유세하게 했다…
장의는 (제나라를) 떠나 서쪽 조왕에게
다음과 같이 유세했다…
북쪽 연나라로 가서 연 소왕에게
이렇게 유세했다.

《사기(史記)·장의열전(張儀列傳)》

연맹을 파괴했지.

6국이 소진의 합종을 따르자
장의는 자신의 주장(연횡)을
내세워 제후국들을
다시 흩어 놓았다.

《사기(史記)·
태사공자서(太史公自序)》

이것이 바로 장의 고양이의
'연횡' 기술이었어.

하나의 강대국을 섬겨
다수의 약소국을 공격하다.

《한비자(韓非子)》

연횡이란 동방의 여섯 나라의 갈등을
이용해 그들 스스로 분열하게 만들고
서쪽의 진나라와 가까워지게 해서
진나라와 가로선으로 연결되어
다른 나라들을 공격하는 것을 말한다.

바이서우이(白壽彝)
《중국통사강요(中國通史綱要)》

여섯 나라의 연합을 깬 비밀 요원 장의

이 '전쟁과 평화'의 시기에
나라 간에는 수많은 연맹과 배신이 계속되었어.

사실상, 여섯 나라는
매우 큰 갈등을
겪고 있었다.
바이서우이(白壽彝)
《중국통사강요(中國通史綱要)》

여섯 나라의 연합은 각자의 속셈 때문에 매번 지켜지지 않았어.

진나라도 '연횡' 기술로 끊임없이 반격했어.

합종은 견고하지 않았고,
훗날 진나라의 '연횡' 정책에
의해 분해되었다.
바이서우이(白壽彝)
《중국통사강요(中國通史綱要)》

결국 여섯 나라는 진나라에게 대항할 수 없었을 뿐만 아니라,

합종 정책은 진나라를 약화시키지 못했다.
《2016년 전국 석사 입학시험·역사학 기초 명사 해석》

많든, 적든 힘도 많이 약해졌어.

제나라와 초나라는 서로 합종 관계에 있었는데, 진나라가 두 나라의
동맹을 끊었고, 지속적으로 초나라에 군대를 보내 공격했다… 초나라는
세력이 약화되었다… 제나라와 연나라 간의 전쟁으로 두 나라의 세력이 크게
약화되었기 때문에 동방의 나라들이 진나라에 대항할 힘도 약화되었다.
바이서우이(白壽彝)《중국통사강요(中國通史綱要)》

여섯 나라의 연합을 깬 비밀 요원 장의

하지만 진나라는 이 게임을 통해 오히려 점점 더 발전해서
천하를 통일하기 위해 자본을 축적하고 있었어.

진나라는 당시 합종, 연횡 정책이
시행될 때 책사의 책략을 활용해
합병 전쟁에서 늘 우위에 있었고,
순조롭게 발전할 수 있었다.
선창원(沈長云)
《전국사와 전국문명
(戰國史於戰國文明)》

그렇다면 진나라는

여섯 나라를 멸망시켰을까?

아직은 방법이 없었어!

NO!

전국시대에 진나라가
가장 강했다는 것은
잘못된 생각이다.
뤼쓰미안(呂思勉)
《중국통사(中國通史)》

여섯 나라가 약하긴 했지만,
아직은 한 방에 무너질 정도는 아니었어.

제후국들의 땅은 진나라의 다섯 배였고, 군사는 열 배였다.

《전국책(戰國策)》

이런 답답한 상황에서
진나라는 어떻게 각 나라를 상대했을까?

이어서 계속

편집자의 말 ◇◇◇◇◇◇◇◇◇◇◇◇◇◇◇◇◇◇◇◇◇◇◇◇◇◇◇◇◇◇

　　전국시대 중후기의 합종, 연횡 정책은 책사들에 의해 진행된 것이었다. 그들은 각각의 군주들 사이에서 유세하며 당시의 정세에 폭넓고 깊은 영향을 끼쳤다. 그 중 소진(합종), 장의(연횡) 등의 종횡가들의 성적이 우수해서 모범 사례로 일컬어지고 있다. 하지만 앞서 말한 것처럼, 그들에 관한 사료들은 여기저기 흩어져 있고 관점도 제각각이다. 예를 들어 《사기(史記)》에 따르면, 소진과 장의는 같은 시기에 수학한 사형제이지만, 류샹(劉向), 빤꾸(班固), 장따커, 바이서우이 등의 학자들은 공통적으로 소진의 나이가 장의보다 조금 많다고 말하고 있다. 또 양콴, 쉬중수(徐中舒) 등의 역사학자들은 소진은 장의 이후에 활동한 사람으로 두 사람의 활동 시기가 다르다고 말한다. 오늘날까지 학계에는 여전히 이에 대한 '공통된 인식'이 없다. 또 주목할 점은, 당시 큰 나라들은 시종일관 자신들의 이익을 위해 합병 전쟁을 벌이고 외교 활동을 진행했으며 정해진 '연합국'이 없었다는 점이다. 예를 들어 여섯 나라는 처음부터 끝까지 제대로 '단합'하지 않았고, 진나라에 대해서도 무조건 적대적으로 대하지는 않았다. 이런 특수한 시기에 연합은 본래의 공신력을 잃었고, 배신은 언제든지 일어날 수 있는 일이 되었다. 진나라는 바로 이런 게임 규칙에 대해 너무나도 정확하게 알고 있었기 때문에 몇 번이나 '합종'을 깨고 승리에 가까워질 수 있었던 것이다.

장의 역 - 꽈배기

참고 문헌 : 《사기(史記)》, 《염철론(鹽鐵論)》, 《국사대강(國史大綱)》, 선창윈(沈長云) 《전국사와 전국문명(戰國史於戰國文明)》, 뤼쓰미안(呂思勉) 《중국통사(中國通史)》, 떵샤오바오(鄧曉寶) 《강대국의 전략ㆍ지연전 전략책(强國之略ㆍ地緣戰略卷)》, 장따커(張大可) 《사기논저집성(史記論著集成)》, 바이서우이(白壽彝) 《중국통사강요(中國通史綱要)》, 《2016년 전국 석사 입학시험ㆍ역사학 기초 명사 해석》, 인민교육출판사 《의무교육 과정 표준 실험 교과서ㆍ7학년 상권》

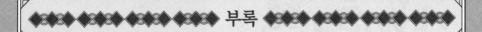

귀곡자 성인 야간 학교

장의는 귀곡자를 스승으로 모셨는데, 동문 선배로는 소진, 손빈(孫臏), 방연(龐涓) 등이 있어. 이들 모두 한 시대에 이름을 떨친 인물들이야.

장의, 대나무를 깎다

장의는 어려서 매우 가난했기 때문에 좋은 글귀를 보면 우선 몸에 적어놨다가 집에 돌아와서 대나무 책에 새긴 뒤 연구했어. 공부하는 것을 매우 좋아했지.

고침무우(高枕無憂)

장의는 여섯 나라 사이에 분쟁을 일으키려고 위왕에게 이렇게 말했어.
"만약 위나라에 초나라와 한나라의 위협이 없다면 대왕께서는 베개를 높이 베고 누울 수 있고, 나라에도 걱정거리가 없을 것입니다."
사자성어 '고침무우(高枕無憂)'는 이렇게 생겨났어.

순두부 극장

<목욕을 좋아하는 순두부 1>

반짝이는 목욕용품

반짝이는 샤워볼, 샤워캡

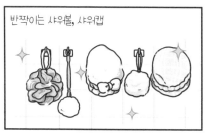

반짝이는 수건, 샤워가운

너무 상쾌해!

순두부 이 녀석 정말
목욕을 좋아하는구나….

<목욕을 좋아하는 순두부 2>

아침

순두부야, 놀자!

나 목욕 중.

오후

우리 불고기 먹으러 가자!

나 목욕 중.

저녁

우리 영화 보자!

나 목욕 중.

이거 놔! 쟤네 욕실
폭파시켜 버릴 거야!

순두부

천칭자리
생일 : 10월 16일
키 : 165cm
가장 좋아하는 꽃 : 코스모스
가장 좋아하는 음식 : 녹차
성격 : 바보 같지만 순수하고
따뜻한 성격

(인간 순두부 소개)

제 23 장

•

가장 오래 통일을 기다렸던 진나라 소양왕

진(秦)나라의 발전 목표는
줄곧 천하의 패주로 불리는 것이었어.

천하를 석권하고 우주를 차지하며
온 세상을 주머니 속에 넣듯이 하고
온 천하를 합병할 마음이 있었다.
《과진론(過秦論)》

몇 대의 군주를 거치면서

진나라는 경제적, 정치적,
군사적으로 이미 천하를
통일할 조건을 갖추고 있었다.
바이서우이(白壽彛)
《중국통사강요(中國通史綱要)》

진나라는 약소국에서
강대국으로 변신했지.

(진나라는) 지리적인 이점으로
변법 개혁에 성공했고,
각종 정책 계획이 적절했다…
사방으로 영토를 확장하고
힘을 키울 수 있었다.
선창윈(沈長云)
《전국사와 전국문명(戰國史於戰國文明)》

진나라는 자본도 풍부하고

진나라의 변법이 비교적
철저하고 정권도 견고했으며,
경제가 발전해서
나라가 부강했다.
바이서우이(白壽彝)
《중국통사강요(中國通史綱要)》

여섯 나라의 도전도
두려워하지 않았어!

힘으로 비교했을 때
동방의 여섯 나라보다
분명 유리했다.
이미 통일 전쟁을 치를
가능성이 생겼던 것이다.
바이서우이(白壽彝)
《중국통사강요(中國通史綱要)》

다만!
여섯 나라가 약하긴 했지만

그들의 병력, 인구, 땅을 모두 합하면…
진나라도 한 번에 다 장악하긴 어려웠어.

제후국들의 땅은
진나라의 다섯 배였고,
군사는 열 배였다.
《전국책(戰國策)》

그렇다면 (진나라는) 어떻게 여섯 나라를 멸망시키고
천하를 통일시켰을까?

이때,
진나라 역사상 아주 오래 기다렸던 왕이 등장했어!

소양왕(昭襄王)은
56년간 재위했다.
《사기(史記)·
진시황본기(秦始皇本紀)》

그는!
바로 진나라 소양왕(昭襄王) 영직(嬴稷) 고양이야!

진나라 소양왕 - 진나라가
여섯 나라를 통일할 수 있는
기초를 닦은 사람.
쑤쭈어롱(蕭作榮)
《오미사(五味史)》

영직 공양이는 원래 진나라 공자들 중 하나였고

그의 형이 진나라 왕이었어.

혜왕이 죽고
아들 무왕(武王)이
즉위했다.
《사기(史記)·
진본기(秦本紀)》

이후…
그의 형은 재미로 정을 들고 놀다가…

무왕은 힘이 세어
힘겨루기를 좋아해서…
맹열(孟說)과 세발솥 정(鼎)을
들었다.
《사기(史記)·진본기(秦本紀)》

깔려 죽고 말았어….

정강이뼈가 부러졌다.
8월, 무왕이 죽었다.
《사기(史記)·진본기(秦本紀)》

그 바람에 영직 고양이는 왕위에 올라
진나라 왕이 되었지.

아들이 없어 무왕의
이복동생이 즉위하니 이가
소양왕(昭襄王)이다.
《사기(史記)·진본기(秦本紀)》

다소 '뜻밖의' 방식으로 왕위에 오르긴 했지만
영직 고양이는 매우 현명한 군주였어.

(소양왕은) 정치가로서의 선견지명,
군사가로서의 전략과 배포가
있었다.
쑤쭈어롱(蕭作榮)《오미사(五味史)》

당시의 상황에서도 끊임없이 전쟁을 일으켰지만

소양왕은 일생이 곧
전쟁이었다… 즉위한 지
3년째부터 끊임없이
외교 공세를 퍼붓고
군사 정벌을 단행했다.
쑤쭈어롱(蕭作榮)
《오미사(五味史)》

오늘은 땅을 점령했다가…

왕께 보고드립니다.
저희가 이 땅을
점령했습니다!

알리미
고양이
报告喵

모레엔 땅을 뺏기곤 했어….

아… 다시 뺏겼어요.

소양왕은 매년 동방 정벌을 일으켰지만 이는 그리 순조롭게 진행되지 못했다. 북쪽은 남쪽이나 중앙만큼 쉽게 해결되지 않았다… 큰 좌절을 겪었다.

주정취앤(朱增泉)
《전쟁사필기(戰爭史筆記)》

여섯 나라를 통일해야 하는데
진도가 거의 나가지 않았던 거지….

이 상황을 해결하기 위해
영직 고양이는 대담하게 새로운 전략을 사용하기로 해.

소양왕은 범수(范睢)를 재상으로 임명했다… (범수는) 위염[92]이 세운 전략을 바꿨다.

주정취앤(朱增泉)
《전쟁사필기(戰爭史筆記)》

---

92) 위염(魏冉) : 소왕의 어머니인 선태후(宣太后)의 동생. – 역주.

그것은 바로 '원교진공[93]' 전략이야!

> 소양왕은 범수를
> 재상으로 세우고,
> 범수의 '원교진공' 전략을
> 채택했다.
> 젠보짠(翦伯贊)
> 《중국사 요강(中國史綱要)》

원교진공 전략에는 주로 두 가지 수단이 필요한데

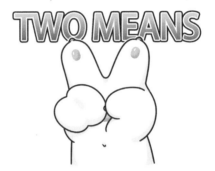

그것은 외교와 군사야.

> 거리가 먼 나라와 연락하고,
> 거리가 가까운 나라를 공격해서
> 적들 간을 갈등을 이용해
> 모두 무찔렀다.
> 《진한신성(秦漢新城)의
> 역사 문화 유산 요람》

---

93) 원교진공(遠交近攻) : 먼 나라와 친하게 지내면서 가까운 나라를 쳐서 점차 영토를 넓힘. – 역주.

가장 오래 통일을 기다렸던 진나라 소양왕

당시 진나라에
적의가 가득했던
여섯 나라에 대해
(먼 나라와 외교 관계를
맺을 방법을 찾아야 해.)

진나라는 우선 가장 가까운 한나라, 위나라를 강제로 굴복시키고
'동생'이라고 불렀어.

> 지금 한나라와 위나라가
> 천하 중추 지역을
> 차지하고 있습니다. 왕께서 패왕이
> 되시려면 중원 지역 국가를 가까이해서
> 천하의 중추를 장악한 다음
> 초나라와 제나라를 제압해야 합니다.
> 《사기(史記)·범수채택열전(范雎蔡澤列傳)》
>
> 그가 한나라, 위나라를 가까이하라고
> 한 것은 우선 예로 대하다가
> 이후에 공격하자는 것이었다.
> 사실상 전쟁 대신 취한 방법이었다.
> 바이서우이(白壽彝)《중국통사(中國通史)》

한나라, 위나라가 굴복해야 초나라, 조나라도
같이 굴복하게 되기 때문이지.

> 초나라가 강해지면
> 조나라를 내 편으로,
> 조나라가 강해지면
> 초나라를 내 편으로
> 만드십시오.
> 《사기(史記)·
> 범수채택열전(范雎蔡澤列傳)》

이렇게 여섯 나라 중에 네 나라가 진나라와 외교 관계를 맺었어.

이렇게 되니 멀리 있던 연나라와 제나라도
진나라와 손을 잡을 수밖에 없었지.

제나라가 겁을 먹으면
분명 말을 공손히 하고,
많은 재물로 진나라를
섬기게 됩니다.
《사기(史記)·
범수채택열전(范雎蔡澤列傳)》

그렇게 여섯 나라가 모두 무기를 내려놓자

가장 오래 통일을 기다렸던 진나라 소양왕

진나라는 비로소 움직일 수 있게 되었어….

가까운 곳부터 먼 곳까지
마치 풀잎을 삼키는 것처럼
천하를 손에 넣는 것이
어렵지 않구나.
《중국책략가정전》

원래 전략대로!
먼저 가장 가까운 한나라, 위나라에게 칼을 겨눴어!

제나라가 내 편이 되면
한나라와 위나라를
장악할 수 있습니다.
《사기(史記)·
범수채택열전(范雎蔡澤列傳)》

한편으로는 전쟁을 벌이면서
또 한편으로는 거리가 먼 연나라, 제나라와 좋은 관계를 유지했어.

진나라와 상대적으로 멀리 있는
나라에는 우호적인 정책을
사용해서 다른 나라들이
진나라를 공격할 때 나서서
돕지 못하게 했고, 진나라와
가까이 있는 나라에는 주로
군사적으로 공격하는 정책을
사용했다.
《진한신성(秦漢新城)의
역사 문화 유산 요람》

나랑 잘 지내지 않으면 공격하겠다는 뜻이었지.
(너 같으면 잘 지낼래. 말래…)

먼 나라와 친하게 지내는
'원교'의 목적은 사실상
적의 수가 너무 많아지는 것을
피하기 위해 사용한
외교적 거짓 수법이다.

《36계-소장판》

이 전략의 장점은
가까운 나라를 치면서

점령한 땅들을 모두
진나라의 땅으로 만들 수 있고,

왕께서는 멀리 떨어진 나라와는
우호 관계를 맺고, 가까운 나라를
공격하는 것이 낫습니다.
이래야만 한 치의 땅을 얻더라도
왕의 한 치의 땅이 되고,
한 자의 땅을 얻더라도
왕의 한 자의 땅이 됩니다.

《사기(史記)·
범수채택열전(范雎蔡澤列傳)》

가장 오래 통일을 기다렸던 진나라 소양왕

먼 나라와 외교 관계를 맺어서

진나라가 다른 나라를 칠 때
그 나라를 도울 수 없게 하는 것이었어….

진나라는 비교적 먼 나라와는
먼저 우호 관계를 맺어
진나라가 가까운 제후국들을
공격할 때 이를 방해하지 않고
가만히 있게 했다.
런중위앤(任中原)
《중국 역사 2000문》

이렇게 진나라의
동쪽 진출이 더욱 빨라졌어.

진나라는 점점 제후국들에게
맹렬한 공격을
퍼붓기 시작했다.
뤼쓰미안(呂思勉)
《중국통사(中國通史)》

끊임없이 다른 나라들의 땅을
집어삼키고 있었지!

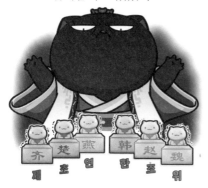

진나라는 합병 전쟁에서
계속 승리를 거뒀다…
영토가 매우 넓었다.
그래서 여섯 나라 중 누구도
진나라에 맞설 수 없었다.
젠보짠(翦伯贊)
《중국사 요강(中國史綱要)》

영직 고양이의 이 전략 덕분에
진나라의 천하통일은 돌이킬 수 없는 흐름이 되었어.

이때 동방 여섯 나라는
이미 차례로 쇠약해졌다…
여섯 나라에 대한 진나라의
전쟁은 이미 결정적인
승리를 얻었다.
젠보짠(翦伯贊)
《중국사 요강(中國史綱要)》

영직 고양이는 56년 동안이나
왕위에 있었지….

56년 가을, 소양왕이 죽었다.
《사기(史記)·진본기(秦本紀)》

가장 오래 통일을 기다렸던 진나라 소양왕

그동안 여섯 나라가 완전히 무너질 때까지 괴롭혔어.

진나라의 기세는
날로 높아졌고,
여섯 나라의 기세는
날로 약해졌다.

왕퉁링(王桐齡)
《중국사(中國史)》

그의 첫째 아들은 왕위에 오르기도 전에

시달려 죽었고

진 소왕(昭王) 40년에
태자가 죽었다.
《사기(史記)·
여불위열전(呂不韋列傳)》

둘째 아들은 왕위에 오른 지 3일 만에

42년에 둘째 아들
안국군(安國君)을
태자로 삼았다.
《사기(史記)·
여불위열전(呂不韋列傳)》

역시 죽었어….

효문왕이 상을 마치고
10월 기해일에 즉위했으나
3일 만인 신축일에 죽었다.
《사기(史記)·진본기(秦本紀)》

강대국 진나라는…
과연 누가 계승하게 되었을까?

이어서 계속

편집자의 말 ◇◇◇◇◇◇◇◇◇◇◇◇◇◇◇◇◇◇◇◇◇◇◇◇◇◇◇◇◇◇◇◇◇

《과진론(過秦論)》에서 말했듯이 시황제 영정이 천하를 통일한 것은 혼자만의 공이 아니라 '6대의 조상이 남긴 업적'이자 수대에 걸친 사람들의 노력의 성과였다. 그중 진나라 소양왕이 재위 기간 동안 상당한 공헌을 했다. 그는 먼 나라는 친하게 지내고, 가까운 나라는 공격하는 원교진공을 하면서 연맹을 깨고 동쪽을 정벌했으며 땅과 자원을 확보했다. 수리 공사를 진행했고 한중(漢中) 지역에 토지가 비옥하고 천연자원이 풍부한 지역을 만들었다. 그는 국가의 영토를 빠르게 넓혀 훗날의 통일을 위해 견고한 정치적·경제적·군사적 기초를 다졌다. 이외에도 우리에게 익숙한 수많은 이야기 속에 소양왕의 그림자가 남아 있다. 예를 들어 〈장상화(將相和)〉 속에서 그는 조나라 화씨벽을 빼앗으려 하고 조왕에게 비파를 연주하게 했다. 또 그는 대장군 백기(白起)를 시켜 초나라 도읍 영(郢) 지역을 함락시켰다. 이 일로 굴원[94]은 모든 기대를 버리고 강에 몸을 던져 자살했다. 그리고 그는 이빙(李冰)을 시켜 촉 땅에서 도강언[95]을 건설했다. 〈계명구도(鷄鳴狗盜)〉에서 그는 맹상군(孟嘗君)을 붙잡으려 했지만, 맹상군은 수단과 방법을 동원해 도망쳤다….

영직 역 - 우롱차

참고 문헌 : 《사기(史記)》, 《과진론(過秦論)》, 《전국책(戰國策)》, 《36계》, 《진한신성(秦漢新城)의 역사 문화 유산 요람》, 《중국책략가정전》, 바이서우이(白壽彝) 《중국통사(中國通史)》, 선창원(沈長云) 《전국사와 전국문명(戰國史於戰國文明)》, 쑤쭈어룽(蕭作榮) 《오미사(五味史)》, 주정취앤(朱增泉) 《전쟁사필기(戰爭史筆記)》, 젠보짠(翦伯贊) 《중국사 요강(中國史綱要)》, 런중위앤(任中原) 《중국 역사 2000문》, 뤼쓰미안(呂思勉) 《중국통사(中國通史)》, 왕퉁링(王桐齡) 《중국사(中國史)》

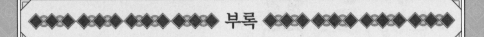

부록

가장 오래 왕위에 있던 왕

소양왕은 56년 동안 왕위에 있었어. 그는 진나라 군주 중에 가장 왕위에 오래 있었던 왕이었지. 중국 전체 역사를 살펴봐도 그보다 오래 왕위에 있었던 왕은 청(淸)나라 강희와 건륭 황제 둘뿐이야.

60년 건륭

61년 강희

인간 핵폭탄 백기(白起)

소양왕 시절에 진나라에는 '전쟁의 신' 백기가 있었어. 그는 전국시대 4대 명장 중에서도 최고였지. 그는 조나라와의 전투에서 적국의 군사 45만 명을 무찌르기도 했어.

'서제(西帝, 서쪽의 황제)'

소양왕은 스스로를 '서제'라고 칭하기도 했어. 비록 당시의 분위기 때문에 3개월도 되지 않아 그 칭호를 포기하긴 했지만, 패주에 대한 그의 강렬한 야심을 확인할 수 있었어.

---

94) 굴원(屈原) : 중국 전국시대의 정치가이자 비극시인. – 역주.
95) 도강언(都江堰) : 기원전 306~251년에 건설한 수리시설. – 역주.

야옹이들의 프로필

<살찌는 게 두려운 새알심>

<너무 무서워>

사장님, 파망 돼지고기볶음 주세요.
고기 빼고요.

빨리…

그리고 파슬리 소시지볶음도 주세요.
소시지 빼고요.

안 돼….

감자 편육도요.
편육은 빼고요.

빨리!

마지막으로 라조기도 주세요.
닭고기는 빼고요.

저럴 거면
그냥
샐러드를
시켜…

안 돼!
안 돼!

254

새알심

물병자리
생일 : 2월 14일
키 : 168cm
가장 좋아하는 꽃 : 장미
가장 좋아하는 음식 : 사과
성격 : 약간 신경질적이지만
매우 똑똑하고 성격도 좋다.

(인간 새알심 소개)

255

새알심의 도시락

제 24 장

•

어지러운 세상 속 대단한 장사꾼, 여불위

전국시대 말기,
영웅들의 패권 다툼이라는 혼란스러운 정국의 결과가
드디어 선명해지고 있었어.

장평대전부터
진나라의 통일에
이르기까지
이는 전국시대
7개국의 합병 전쟁 중
최후의 전쟁이었다.

선창원(沈長云)
《전국사와 전국문명
(戰國史於戰國文明)》

천하의 일곱 나라 중, 한 개의 초강대국과
나머지 강대국들이 있었는데,

그중 진나라는 천하무적이었고,

(진나라가) 가는 곳마다
적들을 무너뜨리니 그 기세를
당해낼 사람이 없었다.

선창원(沈長云)
《전국사와 전국문명
(戰國史於戰國文明)》

나머지 여섯 나라는 점점 쇠약해졌어.

천하 통일이라는 '압축 파일'을
진나라가 거의 다 다운받아가는 걸 지켜보고 있었지.

878M 98.3% 다운로드 됨   65KB/S

하지만 비극적인 것은…
진나라의 군주들이 연이어 죽어버렸다는 거야.

이거… 이거 좀 곤란한데….

큰형님의 자리가 빈 진나라가
패권을 잃었을까?

진왕은 어린 나이로
막 즉위한 터라
국사를 대신들에게
맡겼다.
《사기(史記)·
진시황본기(秦始皇本紀)》

이때!
한 고양이가 등장하면서 상황이 바뀌었어.

야옹!

그는 모든 나라를 돌며
시대의 흐름에 대한 통찰력으로
기회를 엿보다 결국 진나라의
재상이 되어 실력을 발휘했다…
진나라 통일 사업에
큰 공을 세웠다.
장따커(張大可)
《사기논저집성(史記論著集成)》

그는 바로 역사상 최고의 투자 전문가 고양이인
여불위(呂不韋) 고양이야!

여불위(呂不韋)는
양책[96]의 큰 상인이었다.
《사기(史記)·
여불위열전(呂不韋列傳)》

여불위 고양이는 부자였어.

집에 천금을
쌓아두었다.
《사기(史記)·
여불위열전(呂不韋列傳)》

그는 물건을 싼값에 사서 비싸게 파는 방법으로
떼돈을 벌었고

여러 곳을 오가며
싸게 사서 비싸게 팔았다.
《사기(史記)·
여불위열전(呂不韋列傳)》

96) 양책(陽翟) : 지금의 허난(河南)성 : 위저우(禹州)시. - 역주.

그 돈을 가지고 투자자가 되었어.

여불위는 마침 한단[97]에서 장사를 하다가 자초[98]를 발견하고 '값이 오를 때까지 가지고 있을 만한 진귀한 물건'이라고 생각해 자초를 금전적으로 지원했다.

바이서우이(白壽彝)
《중국통사(中國通史)》

어떤 투자의 수익이 가장 많을까?

부동산? 사치품?

돌아가 아버지에게 물었다. "농사를 지으면 이익이 몇 배나 남습니까?" 그러자 아버지는 "열배 정도 남는다"라고 말했다. 그가 "보석의 이익은 몇 배입니까?" 라고 묻자, 아버지는 "백배는 될 것이다"라고 말했다.

《전국책(戰國策)》

---

97) 한단(邯鄲) : 현재의 허베이(河北)성 한단(邯鄲) 시. - 역주.
98) 자초(子楚) : 이인(異人), 진시황의 부친. - 역주.

다 아니었어!

"그러면 나라를 세워
왕이 될 사람을 사면
이익이 몇 배나 되겠습니까?"라고
묻자 아버지는
"셀 수도 없을 것이다"라고
말했다.
《전국책(戰國策)》

여불위 고양이가 투자하려던 건 가난한 왕자인…

진나라 공자 이인(異人)이었어!

자초는 진나라의 인질로
조나라에 있었다. 진나라가
수차례 조나라를 공격한 탓에
조나라는 자초를
그다지 예우하지 않았다.
《사기(史記)·
여불위열전(呂不韋列傳)》

어지러운 세상 속 대단한 장사꾼, 여불위

당시, 누군가는 진나라로 돌아와
왕위를 계승해야 한다는 것을
여불위 고양이는 아주 잘 알고 있었어.

태자 안국군의 정부인인
화양부인은 아들이 없었다…
그녀는 자신의 미래의 황후 자리,
황태후 자리를 지키기 위해 반드시
양아들이 있어야 했다.
물론 남편의 아들 중에서
아들을 골라야 했기 때문에
자초에게도 기회가 있었다.
천순천(陳舜臣)《중국사 풍운록》

하지만 힘없는 이인 고양이는
제일 가능성이 없는 고양이었지.

(이인은) 제후국에 인질로 있었는데
수레며 용품이 넉넉하지 못해
생활이 궁색하고 의기소침했다.
《사기(史記)·
여불위열전(呂不韋列傳)》

?

잊혀짐

그렇다면,
이 힘없는 녀석이 진나라의
왕이 될 수 있도록 돕기만 하면,

비록 지금은 불행한
인질 신분이지만 훗날
진왕이 되지 말란 법이 있으랴?
천순천(陳舜臣)
《중국사 풍운록》

정말 대박 나는 거야!

> 여불위는 "그대가 잘 모르시는 모양인데
> 나의 문은 그대의 문이 커져야 커집니다"라고 했다.
> 《사기(史記)·여불위열전(呂不韋列傳)》

그럼 이제 어떻게 해야 하지?

여불위의 방법은 사실 아주 간단했어.

어지러운 세상 속 대단한 장사꾼, 여불위

투자하는 거야!

여불위는 자초에게
큰돈을 투자했다.
천순천(陳舜臣)
《중국사 풍운록》

먼저 그는 재산의 절반을 들여
이인 고양이를 꾸며주었어.

여불위는 바로
500금을 자초에게
주었다.
《사기(史記)·
여불위열전(呂不韋列傳)》

메이크업
아티스트

포토그래퍼

헤어
디자이너

스타일
리스트

옷이 필요하면 옷을 사고,

머리 스타일을 바꿔야 하면 바꿔줬지.

(그 돈을) 사용하게 하고
빈객들도 사귀게 했다.
《사기(史記)·
여불위열전(呂不韋列傳)》

그리고 나머지 재산으로
당시 태자의 총애를 받던 부인에게 뇌물을 바쳤어.

그리고 다시 500금으로
진기한 패물 따위를 사서
자신이 이를 들고
서쪽 진나라로 가서는…
이 물건들을 모두
화양부인에게 바쳤다.
《사기(史記)·
여불위열전(呂不韋列傳)》

그를 아들로 삼으면
절대 손해 보지
않을 거예요.

태자께 사랑을
받으시지만
아들이 없으시니

그렇게 이인 고양이를
태자의 후계자로 만들었지.

나는…

"첩이 다행히 후궁이 되었지만
불행히도 아들이 없으니
자초를 후사로 삼아
첩의 몸을 맡기고자 합니다"라고 했다.
안국군은 이를 허락하고
부인에게 옥부(玉符)를 새겨주며
자초를 후사로 삼겠다고 약속했다.
《사기(史記)·
여불위열전(呂不韋列傳)》

267

어지러운 세상 속 대단한 장사꾼, 여불위

·이렇게…
아무 힘도 없던 공자가 왕위 계승자로 변신한 거야!

진 소왕 56년에 소왕이 죽고, 태자 안국군이 왕으로 즉위했다.
화양부인은 왕후가 되었고, 자초는 태자가 되었다.
《사기(史記)·여불위열전(呂不韋列傳)》

게다가 또 빠르게 진왕이 되었어.

진왕이 즉위 1년 만에 죽으니
시호(諡號)를 효문왕(孝文王)이라 했다.
태자 자초가 뒤를 이어 즉위하니
이가 장양왕(莊襄王)이다.
《사기(史記)·
여불위열전(呂不韋列傳)》

하하!
그를 왕위에 올린 공으로
여불위 고양이는 엄청난 보상도 받았고,

하남(河南)의 낙양(雒陽)
10만 호를 식읍으로 내렸다.
《사기(史記)·
여불위열전(呂不韋列傳)》

관직에도 올랐지.

* 승상 : 옛 중국의 벼슬, 우리나라의 정승과 같음.

여불위를 승상으로 삼고
문신후(文信侯)에 봉했다.
《사기(史記)·
여불위열전(呂不韋列傳)》

근데 그러다 어떻게 되었냐고?

3년 후⋯ 이인 고양이도 죽고 말았어⋯.
(진짜 이 왕좌 터가 안 좋은 거 아니야?)

장양왕이 즉위
3년 만에 죽었다.
《사기(史記)·
여불위열전(呂不韋列傳)》

진나라 왕조의 안정을 위해
여불위 고양이는 왕을 대신해 모든 정무를 돌봤어.

태자 정(政)이 왕으로 즉위해서
여불위를 상국(相國)으로 높이고
'중보(仲父)'로 불렀다.
《사기(史記)·
여불위열전(呂不韋列傳)》

그가 정권을 잡은 시기에
진나라는 다른 여섯 나라를 계속해서 정벌해나갔을 뿐만 아니라

여불위가 진나라에서
권력을 장악하고 있을 때,
여섯 나라를 합병하는 전쟁을
계속해나갔고, 많은 땅을 확보했다.
양콴(楊寬)《전국사(戰國史)》

끊임없이 인재들을 흡수했어.

여불위는… 인재들을 초빙해서
후하게 대접하니 식객이
3천에 이르렀다.
《사기(史記)·
여불위열전(呂不韋列傳)》

심지어 그는 자기 고양이들의 능력을 쏟아부어
《여씨춘추(呂氏春秋)》라는 책을 만들어서

여불위는 그의 식객들 한 사람,
한 사람에게 자신들이 듣고 아는 것을
쓰게 해서 팔람(八覽), 육론(六論),
십이기(十二紀)로 모으니
20만 자가 넘었다. 이로써 천지 만물과
고금의 일들을 모두 갖추니 이름해서
《여씨춘추(呂氏春秋)》라 했다.
《사기(史記)·
여불위열전(呂不韋列傳)》

진나라 통치자를 가르치는 자료로 사용했어.

이 책 전체는… 통일을 완성하는
지도 사상을 담고, 새롭게 창조될
통일 왕조의 통치 요강으로
사용하기 위해 만들어졌다.
양콴(楊寬) 《전국사(戰國史)》

상인 겸 정치가로서
여불위 고양이는 대담하게 생각하고 행동했어.

어지러운 세상 속 대단한 장사꾼, 여불위

그는 권력과 부를 모두 얻었으며,

> 만일 나라를 세우고 임금을
> 받들어 모신다면, 그 은혜가
> 자손에게까지 미치게 될 것입니다.
> 한번 가서 그를
> 돌보아주었으면 싶습니다.
> 《전국책(戰國策)》
>
> 여불위를 승상으로 삼았다…
> 여불위의 집에는 노예만
> 만 명에 이르렀다.
> 《사기(史記)·
> 여불위열전(呂不韋列傳)》

진나라를 '주인이 없어서' 쇠락하기는커녕
더 강해지게 만들었어.

> 진나라는 이미 훗날
> '천하 통일'을 승리로 이끌
> 기초를 다졌다.
> 양콴(楊寬)《전국사(戰國史)》

천하 통일이라는 과업도
순조롭게 추진해나갔지.

> 원년, 장군 몽오(蒙驁)가 공격해서
> (난을) 평정했다. 2년, 표공(麃公) 장군이
> 군사를 거느리고 위나라 도읍 권(卷)을
> 공격해서 3만 명의 목을 베었다.
> 3년에는 몽오가 한나라를 공격해
> 13개 성을 취했다.
> 《사기(史記)·
> 여불위열전(呂不韋列傳)》

하지만,
여불위의 힘이 권력이 아무리 센들
천하는 결국 왕의 것이었어.

장양왕이 죽고 아들 정(政)이
즉위하니 이가
진시황제(秦始皇帝)다.
《사기(史記)·진본기(秦本紀)》

태자 고양이가 서서히 성장하면서
진나라의 진짜 주인이 등장하기 시작한 거지.

시황제가 장년에
접어들었다.
《사기(史記)·
여불위열전(呂不韋列傳)》

이후의 진나라에는
또 어떤 일들이 일어났을까?

이어서 계속

부유한 상인이었던 여불위는 투자를 통해 성공적으로 진나라 승상이라는 유명 정치 인사로 변신했다. 이는 고대 역사상 드문 일이었다. 이뿐만 아니라, 승상 자리에 있었던 13년 동안, 그는 세 차례에 걸친 삼진(三晉)에 대한 대규모 공격을 감행했고, 큰 영토를 확보했다. 또한 동방 나라들의 갈등을 이용해 교묘하게 연맹을 파괴하고 그들의 공격을 막아냈으며, 결국에는 동방 나라들 간의 연락을 아예 끊어버렸다. 이로써 각국을 격파하는 데 유리한 상황을 만들 수 있었다. 그는 3,000명의 식객을 접대했고 정치적, 군사적 책략을 냈으며, 동시에《여씨춘추》를 만들게 해서 제왕의 통치를 지도하는 데 사용했다. 여불위의 노력은 진나라의 자본과 힘을 한층 더 축적시켰고, 진시황이 집권한 뒤 여섯 나라를 통일하는 데 힘을 보탰다.

여불위 역 - 해바라기씨

참고 문헌 :《사기(史記)》,《전국책(戰國策)》, 바이서우이(白壽彝)《중국통사(中國通史)》, 장따커(張大可)《사기논저집성(史記論著集成)》, 선창원(沈長云)《전국사와 전국문명(戰國史於戰國文明)》, 젠보짠(翦伯贊)《중국사 요강(中國史綱要)》, 천순천(陳舜臣)《중국사 풍운록》, 양콴(楊寬)《전국사(戰國史)》

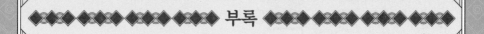
'잡가[99]'의 거작

《여씨춘추》는 유가, 묵가, 법가 등의 학설의 장점을 종합해서 쓴 것으로, 잡가의 대표작으로 꼽혔어. 심지어 어떤 사람은 전국시대의 그 무엇도 이것의 가치를 따라갈 수 없다고 말했어.

일자천금

여불위는 《여씨춘추》를 매우 만족스러워했어. 그래서 특별히 이 책을 성벽에 걸어두고 누구든지 이 책에서 한 글자라도 고칠 수 있다면 천금을 주겠다고 말했지. 그 결과 아무도 고칠 수 있는 고양이가 없었어.

'용맹한 장수' 여불위

정권을 잡은 것 외에도 여불위는 직접 군대를 이끌고 전장에 나라 적들과 싸웠어. 그는 삼진(三晉)의 공격에 세 번이나 군대를 일으켰고, 한나라, 위나라, 초나라 등의 합종 연합군도 두 번이나 무찔렀지.

---

99) 잡가(雜家) : 춘추전국시대에 나타난 수많은 학파들의 학설을 종합하고 참작해서 만든 학설. 또는 그 학설을 따르던 학파. – 역주.

야옹이들의 프로필

<행운의 신 라면 1>

라면은 운이
정말 좋은 고양이야.

맛있어,
맛있어…

영국의 유물론을 주장한 철학자는
누구지? 누가 대답해볼까?

라면 학생,
한번 대답해보세요.

아주 잘했어요!
바로 프랜시스
베이컨이죠!

베이컨…

어떻게 잠꼬대를
하면서도 답을
맞힐 수 있지…

<행운의 신 라면 2>

라면아, 너 그렇게 일 안 하다가
굶는 거 아냐?

그럴 리 없어.
왜냐하면…

택배요!

?

저렇거나
운이 좋다니!

아무 경품 추첨이나
참가해도 이렇게 먹을 게
생긴다고!

276

라면

쌍둥이자리
생일 : 6월 1일
키 : 180cm
가장 좋아하는 꽃 : 수선화
가장 좋아하는 음식 : 햄버거
성격 : 상냥한 성격이지만, 맛
있는 음식을 먹지 못할 때만큼
은 화를 낸다.

(인간 라면 소개)

라면의 도시락

제 25 장

•

진시황, 임금의 자리에 오르다

기원전

진나라의 36대 왕이 즉위했어!

영정(기원전 259~210)···
기원전 246년에
왕위에 올랐다.
인민교육출판사
《고등학교 과정 표준 교과서·
필수 역사 1(교사용)》

그가 바로 훗날 크게 명성을 떨친 진왕
영정(嬴政) 고양이야.

장양왕이 죽고 아들 정(政)이 즉위하니 이가 진시황제(秦始皇帝)다.
《사기(史記)·진본기(秦本紀)》

천하제일의 위풍을 자랑하는 대국의 지도자는
대체 어떤 고양이일까?

시황제는 천고일제[100]였다.
리즈(李贄)《장서(藏書)·
세기열전총목(世紀列傳總目)》

오늘 우리 야옹이 창업 프로그램에서 인터뷰를 진행해볼게.

100) 천고일제(千古一帝) : 천 년에 한 번 나오는 황제. – 역주.

안녕하세요.
영정 고양이님.
시청자 여러분께
자기소개 부탁드립니다.

진 그룹
CEO 영정

TV를 시청하고 계신
여섯 나라의 국민 여러분,
안녕하십니까.

저는 곧
여러분 나라를 침략할
영정 고양이입니다.

저기요…

어… 먼저
저의 성장과정부터
말씀드리겠습니다.

좋습니다.

> 진왕 정은… 기원전 230년에 한나라를 무너뜨리고,
> 기원전 225년에 위나라를 무너뜨리고, 기원전 223년에 초나라를 무너뜨리고,
> 기원전 222년에 연나라와 조나라를 무너뜨리고,
> 기원전 221년에 제나라를 무너뜨렸다.
> 바이서우이(白壽彝) 《중국통사(中國通史)》

저희 아버지는 다른 나라와의 우호적인 관계를 위해
적국에 보내진 인질이었습니다.

별벌 떠는 중

> 진시황제(秦始皇帝)는
> 진나라 장양왕(莊襄王)의 아들이다.
> 장양왕이 진나라의 인질로
> 조(趙)나라에 가 있었다.
> 《사기(史記)·
> 진시황본기(秦始皇本紀)》

그래서 저는 적국에서 자라났죠.

> 시황은 진나라 소왕(秦昭王) 48년
> 정월 한단(邯鄲)에서 태어났다.
> (기원전 259년). 출생하자 이름을
> 정(政), 성을 조(趙)라 했다.
> 《사기(史記)·
> 진시황본기(秦始皇本紀)》

그때는 제 삶이 그렇게 평탄하게 흘러갈 거라고 생각했어요.

하지만 진나라가 갑자기 군대를 일으켜 공격해왔고

진 소왕 50년에
왕의(王齮)를 시켜
한단을 포위하게 해서
위급해지자 조나라는
자초를 죽이려 했다.
《사기(史記)·
여불위열전(呂不韋列傳)》

저희 아버지는 그 난리 통을 틈타
진나라로 돌아가 왕위를 차지했습니다.

자초는 여불위와 계획을 세워 금
600근을 자초를 감시하는 자에게
주고 탈출한 다음 진나라의 군대로
도망쳐서 마침내 귀국했다.
《사기(史記)·
여불위열전(呂不韋列傳)》

인질이 도망갔으니…
인질의 아내와 자식은 큰일이 난 거죠….

조나라에서는
자초의 아들과 부인을
죽이려 했다.
《사기(史記)·
여불위열전(呂不韋列傳)》

저와 제 어머니는 괴롭힘을 당했을 뿐만 아니라

매일 여기저기 숨어 다녀야 했습니다.

자초의 부인이
조나라의 부잣집 딸이라
몸을 숨길 수 있었기 때문에
모자는 살아날 수 있었다.
《사기(史記)·
여불위열전(呂不韋列傳)》

다행히 저의 주인공 기운이 센 탓인지

도망갔던 아버지가 결국 태자가 되었습니다.

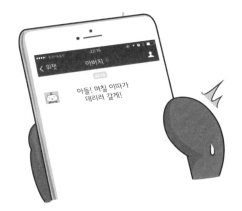

진 소왕 56년에
소왕이 죽고,
태자 안국군이
왕으로 즉위했다…
자초는 태자가 되었다.
《사기(史記)·
여불위열전(呂不韋列傳)》

저와 어머니는 그제야 순조롭게 진나라로 돌아갈 수 있었습니다.

조나라도 자초의 부인과
아들 정을 진나라로
잘 돌려보냈다.
《사기(史記)·
여불위열전(呂不韋列傳)》

진나라로 돌아간 뒤 시간이 흘러 저는 태자가 되었죠.

태자 정.
《사기(史記)·
여불위열전(呂不韋列傳)》

그때는 제 삶이 그렇게 평탄하게 흘러갈 거라고 생각했어요.

하지만 진나라 왕이 된 지
얼마 되지 않았던 아버지가

효문왕 원년…
3일 만인 신축일에 죽었다.
아들 장양왕(莊襄王)이
즉위했다.
《사기(史記)·
진본기(秦本紀)》

생각지도 못하게 돌아가셨죠….

장양왕이
즉위 3년 만에 죽었다.
《사기(史記)·
여불위열전(呂不韋列傳)》

그래서 어린 제가 막중한 임무를 맡게 되었습니다.
새로운 진의 'CEO'가 된 것이죠.

기원전 247년, 진나라 장양왕이 죽고 아들 정이 즉위했다.
양콴(楊寬) 《전국사(戰國史)》

진그룹에 대해서
소개해주실 수 있으실까요?
(먹으면서 말하지 좀 마.)

진이라…

음…

진나라는 원래 변방의 작은 나라였습니다.

진나라는 처음에는
작은 나라였으며 (중원에서)
멀리 떨어져 있었기 때문에,
제후들은 진나라를 배척하고
오랑캐와 동등하게 대했다.

《사기(史記)·육국연표(六國年表)》

효공 원년, 황하와 효산 동쪽의
여섯 강국인 제나라 위왕(威王),
초나라 선왕(宣王), 위나라 혜왕(惠王),
연나라 도후(悼侯), 한나라 애후(哀侯),
조나라 성후(成侯)와
어깨를 나란히 했다.

《사기(史記)·진본기(秦本紀)》

수년간의 노력 끝에
살아남을 수 있었죠.

쓱싹

또한 몇 대의 'CEO'들이
진을 발전시킨 덕분에

효공은… 안으로는 법률을 세우고
농사와 직물 생산에 힘쓰게 하며
무기를 다듬어 전쟁을 대비했고,
밖으로는 다른 나라와
각각 동맹을 맺어 제후들끼리
싸우게 했다. 효공이 돌아가시자
혜문왕과 무왕, 소양왕이
선대의 업적에 힘입고 물려받은 책략에
따라 남쪽으로는 한중(漢中)을 취하고
서쪽으로 파촉(巴蜀)을 점령해서
동쪽으로는 비옥한 땅을,
북쪽으로는 요새를 얻었다.

《과진론(過秦論)》

지금의 강대국이 될 수 있었습니다.

강한 나라는 복종하겠다고 했고
약한 나라는 조정으로 들어왔다.
《과진론(過秦論)》

일곱 나라 중에서 점차
진나라만 강해졌다.
뤼쓰미안(呂思勉)
《중국통사(中國通史)》

제 임기 동안의   목표는…

저런 무서운 말을
꼭 저렇게 아무렇지도 않게
한다니까.

당연히 여섯 나라를
다 무너뜨리고
쓸어버리는 거죠!

부끄

하하

CAT TV

빈객과 유세객들을 초빙해서 천하를 아우르고자 했다.
《사기(史記)·진시황본기(秦始皇本紀)》

왕위에 막 오르셨을 때
별다른 어려움은 없으셨나요?

제가 막 즉위했을 때가
13살짜리 어린애였을 때였죠.

13세 때(기원전 247년)
장양왕이 죽자 정이
왕위를 이어
진왕(秦王)이 되었다.
《사기(史記)·
진시황본기(秦始皇本紀)》

그래서 임기 중 정무들은
대부분 대신들과 어머니께서
처리해주셨습니다.

국사를 대신들에게 맡겼다.
《사기(史記)·
진시황본기(秦始皇本紀)》

모든 정무는
그의 어머니(태후)와
여불위가 주관했다.
양콴(楊寬)
《진시황(秦始皇)》

'마스코트'인 저는
옆에서 조용히 듣고만 있었죠.

그때는 제 삶이 그렇게 평탄하게
흘러갈 거라고 생각했어요.

하지만 외로움을 견디지 못한 제 어머니는
여기저기서 남자를 만나고 다니기 시작했고…

태후는 수시로 몰래
여불위와 바람을 피웠다…
태후는 방탕한 행동을
멈추지 않았다.
《사기(史記)·
여불위열전(呂不韋列傳)》

'연하' 남친도 생기셨죠.

여불위가 바로 노애를
들여보냈고…
태후는 부형[101]을 주관하는
관리에게 은밀히 넉넉하게
뇌물을 주고 거짓으로
형을 집행한 것처럼 한 다음
수염과 눈썹을 밀고
내시가 되게 하니,
마침내 태후를 모시게 되었다.

《사기(史記) ·
여불위열전(呂不韋列傳)》

그다음은요?
그다음은요?

태후와 노애가 만난다는 추문이 폭로되자
진시황이 매우 난감해했다.
《진한신성(秦漢新城)의 역사 문화 유산 요람》

---

101) 부형 : 생식기를 없애는 형벌. – 역주.

사랑에 빠진 여자는 눈이 멀어버리죠.

어머니는 매일 애인과 연애만 하고
국정도 그에게 넘겨버렸습니다!
(이건 진짜 그냥 반역하라는 거 아니야?)

> 태후는 노애와 몰래 만나며
> 끔찍하게 아꼈다.
> 《사기(史記)·
> 여불위열전(呂不韋列傳)》
>
> 노애(嫪毐)가 장신후(長信侯)에
> 봉해지니 산양[02]땅을 주어
> 그곳에 살게 하고, 집, 마차, 옷,
> 원유[03], 사냥 등을 노애
> 마음대로 하게 하니, 크고 작은
> 모든 일을 노애가 결정했다.
> 또 하서 태원군[104]을
> 노애의 나라로 바꾸었다.
> 《사기(史記)·진시황본기(秦始皇本紀)》

---

102) 산양(山陽) : 지금의 산둥(山東)성 쥐예(巨野)현. – 역주.
103) 원유(苑囿) : 왕후귀족이 수렵을 통해 무(武)를 단련하기 위해 넓은 지역 주위에 울타리를 치고
새나 짐승을 서식시키는 장소. – 역주.
104) 하서태원군(河西太原郡) : 지금의 산시(山西)성 우타이(五台)산과 관천(管涔)산 남부 일대. – 역주.

저는 사실 진작부터 그들이
반역을 꾸미고 있다는 것을 알고 있었습니다.

> 진시황 9년에 누군가
> 노애가… 태후와 모의해서
> 왕이 죽으면 아들을
> 후계자로 삼자고 했다는 것을
> 고발해왔다.
> 《사기(史記)·
> 여불위열전(呂不韋列傳)》

그래서 몰래 고양이를 시켜 그들을 감시하라고 했죠.

> 이에 진시황은 관리를 시켜
> 실정을 알아내려 했다.
> 《사기(史記)·
> 여불위열전(呂不韋列傳)》

진시황, 임금의 자리에 오르다

그들이 정말로 반역을 일으킬 때까지 기다렸다가

장신후 노애가 반란을
일으키려다 들통이 나자
왕의 옥새와 태후의 인장을
도용해서 옹(雍)현의 군사,
진왕의 호위군사, 관의 기병,
오랑캐의 우두머리 및
시종들을 동원해
기년궁(蘄年宮)을 공격하는
난을 일으켰다.
《사기(史記)·
진시황본기(秦始皇本紀)》

대신 창평군(昌平君)과
창문군(昌文君)에게
군대를 내어주고 노애를
공격하도록 명령하니
함양(咸陽)에서 싸워
수백 명의 머리를 베었다…
노애 등이 모두 잡혔고…
사지를 찢는 거열형(車裂刑)에
처해 조리를 돌렸고
종족은 모두 죽였다.
《사기(史記)·
진시황본기(秦始皇本紀)》

그들을 한 방에 다 처리해버렸죠.
(정말 너무 쉽죠.)

9월에 노애의 3족을 멸했고…
노애의 시종들은 전부 재산을
몰수당하고 촉(蜀)나라로
추방당했다.
《사기(史記)·
여불위열전(呂不韋列傳)》

사실이긴
했습니다….

바보들이었다는
생각이 드네요?

이렇게
제가 집권을 시작한 그날부터
조정에 있는 모든 적대 세력들을 다 없애버렸습니다.

기원전 238년, 22세의 영정은
직접 통치를 시작했다. 같은 해,
노애가 일으킨 반란을 진압했다.
2년, 여불위의 승상 지위를
박탈했다.
인민교육출판사
《고등학교 과정 표준 교과서·
필수 역사 1(교사용)》

나라의 정권이 완전히 제 손에 들어왔죠.
(이제 삶이 평탄하게 흘러가겠군.)

이때부터 독자적인
통치가 시작되었다.
인민교육출판사
《고등학교 과정 표준 교과서·
필수 역사 1(교사용)》

드디어 아무도
나에게
간섭하지 않아!

피규어나
왕창
만들어야지!

그럼 이후의
나라 발전에 대해
어떤 바람이
있으셨나요?

사실 젊은 나이에 왕위에 오른 진나라 군주 영정 고양이는
남몰래 꾹 참고 있었어.

> 진왕 정이 왕위를 계승할 때,
> 불과 13살이었다.
> 사실상 수많은 중대한 정치,
> 군사 활동들은 모두 여불위가
> 그를 대신해서 완성했다.
>
> 바이서우이(白壽彝)
> 《중국통사(中國通史)》

때가 될 때까지 기다렸다가
빠르게 모든 장애 세력들을 정리해버렸지.

> 기원전 238년, 정이 관례를
> 치르고 나서 직접 통치를
> 시작했다. 그는 노애의 난을
> 평정하고 여불위의 세력을
> 정리했다.
>
> 바이서우이(白壽彝)
> 《중국통사(中國通史)》

영정 고양이의 치밀한 정치적 책략과
강경한 일 처리 방식이 드러나는 부분이었어.

장빙린(章炳麟)은
"서너 명의 황과 대여섯 명의
제가 있었지만,
이보다 강성한 이는 없었다"고
말했다.

양콴(楊寬) 《전국사(戰國史)》

초강국에 이런 강인한 군주까지 있으니
진나라의 전투력은 무섭게 상승했지.

진시황에 이르자
6대의 조상이 남긴
훌륭한 업적을 바탕으로
긴 채찍을 휘둘러
천하를 몰았다.

《과진론(過秦論)》

혼란스러웠던 전국시대는 과연 어떻게 끝났을까?

이어서 계속

진시황, 임금의 자리에 오르다

편집자의 말 ◇◇◇◇◇◇◇◇◇◇◇◇◇◇◇◇◇◇◇◇◇◇◇◇◇

진왕 영정이 직접 통치하기 전에 진나라는 여불위와 노애가 장악하고 있었다. 두 사람의 세력은 각각 특징이 있었는데, 노애는 태후의 사랑을 등에 업고 많은 무리의 사람을 모아 제멋대로 날뛰었고, 여불위는 각각의 학파를 모아 진나라의 전통적이고, 군주 집권에 유리한 법가 정책에 반대했다. 이 둘을 서로 비교하면 여불위의 세력이 영정에게는 더 근심거리였다.

그래서 영정은 이 두 세력을 처리할 때 서로 다른 방법을 사용했다. 노애의 무리를 상대할 때는 직접적으로 무력을 사용해 진압했고 단번에 처리해버렸지만, 여불위를 상대할 때는 그의 세력을 서서히 약화시켜서 결국 와해되게 만들었다. 그 결과 여불위는 자살하고 말았다.

영정은 직접 통치를 시작한 뒤 2년도 채 되지 않아서 나라 안의 두 세력을 정리하고 혼자서 대권을 장악했다. 그의 처리 방식을 보면 그가 큰 이상과 포부를 가졌고, 책략도 지닌 군주라는 것을 알 수 있다.

영정 역 - 전병

참고 문헌 : 《사기(史記)》, 《전국책(戰國策)》, 《자치통감(資治通鑑)》, 《과진론(過秦論)》, 《진한신성(秦漢新城)의 역사 문화 유산 요람》, 리즈(李贄) 《장서(藏書)·세기열전총목(世紀列傳總目)》, 양콴(楊寬) 《전국사(戰國史)》 《진시황(秦始皇)》, 뤼쓰미안(呂思勉) 《선진사(先秦史)》, 《중국통사(中國通史)》, 바이서우이(白壽彝) 《중국통사(中國通史)》, 인민교육출판사 《고등학교 과정 표준 교과서·필수 역사 1(교사용)》

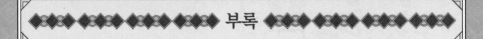
엄마의 로맨스

진시황의 생모인 조희는 수많은 로맨스를 즐겼어. 진나라 군주였던 장양왕, 재상 여불위, 반역자 노애 모두 그녀의 '사냥감'이었지.

태후 조희, 전 남친 발각

영정/조정

진시황에게는 두 개의 이름이 있었는데 '영정'과 '조정'이었어. '영'은 그의 아버지로부터 온 성(姓)이고, '조'는 씨(氏)였지. '조' 씨는 그가 조나라에서 태어나면서 갖게 된 것이었어.

누구의 아들?

진시황은 승상 여불위의 아들이라는 이야기가 있어. 《사기(史記)》의 기록에 따르면 진시황의 어머니는 원래 여불위의 첩이었는데, 그녀를 진시황의 아버지에게 바쳤을 때는 이미 임신한 상태였다고 해.

야옹이들의 프로필

튀긴 꽈배기 극장

<민첩한 튀긴 꽈배기>

튀긴 꽈배기는
행동이 민첩한 고양이야…

날아오는 모든 물건을 피할 수 있지.

모든 것을!

모든…

너
뭐 하는
거야?!

<쓰레기>

순두부 방

순두부 이 자식은 정말… 이렇게 쓰레기가 많은데
왜 아직도 안 버리는 거야?

순두부야, 내가
너 대신 쓰레기
깨끗하게
다 치웠어!

너 몰랐어?
너야말로
쓰레기야.

골동품이나 옛날 물건을
수집하는 게 순두부의 취미예요.

튀긴 꽈배기

사수자리
생일 : 12월 5일
키 : 185cm
가장 좋아하는 꽃 : 해바라기
가장 좋아하는 음식 : 콜라
성격 : 열정적이고 움직이는
것을 좋아하며 효심이 깊다.

(인간 튀긴 꽈배기 소개)

303

튀긴 꽈배기의 도시락

기원전 221년

진나라가 여섯 나라를 통일했어.

기원전 221년에 진나라가
여섯 나라를 멸망시켰다.
인민교육출판사
《고등학교 과정 표준 교과서·
필수 역사 1(교사용)》

전국시대 일곱 나라의 전쟁이
수많은 혼란 끝에 결말을 맺은 거지.

진왕 정은 전국시대 동안
장기간 이어진 봉건 제후국들의
영토 분쟁을 끝냈다.
젠보짠(翦伯贊)
《중국사 요강(中國史綱要)》

이전의 어떤 시대보다도 더 거대한 영토가
모두 진나라에 포함되었어.

춘추시대, 황하 중하류의 주 왕조,
진(晉)나라, 정나라, 제나라, 노나라,
송나라, 위나라 등은 자기 자신이 곧
중국이라고 생각했다. 그들은 진(秦)나라,
초나라, 오나라, 월나라를 오랑캐로
여기고 중국이 아니라고 생각했다.
진한(秦漢)시대에는… 진나라와
초나라 땅도 중국의 일부라고 생각했다.

탄치샹(譚其驤)
《역사 속 중국과 중국 역대 영토》

새로운 왕조가 여기서 탄생했어.

기원전 221년, 진왕 영정은 결국
긴 시간 동안 이어진 제후국 간의
영토 분쟁을 끝내고 중국 역사상
첫 번째 중앙집권형 봉건 왕조를
세웠다. 그것이 바로 진 왕조다.

인민교육출판사
《고등학교 과정 표준 교과서·
필수 역사 1》

하지만 우리는 이렇게 묻지 않을 수 없어.
강대국들의 전쟁에서
왜 진나라가 통일을 할 수 있었던 것일까?

전국시대 전체의 발전 과정을 살펴보면
진나라에는 계속해서 '좋은 지도자'가 나타나는 주관적인 조건이 있었어.

영정의 승리는 연이은 5대 군주들이
애써 경영해서 잘 다스려온 결과였던 거지.

진시황에 이르자
6대의 조상이 남긴
훌륭한 업적을 바탕으로…
(효문왕의 재위 기간은 3일밖에
되지 않아 합산하지 않음.)
《과진론(過秦論)》

진효공이 변법으로 나라를 강하게 만들었고

기원전 356년. 효공은 상앙을
좌서장(左庶長)으로 세우고,
첫 변법을 시행했다.
바이서우이(白壽彛)
《중국통사(中國通史)》

진나라는 가난을 벗고 다른 나라들에 맞설 수 있는 자본을 축적했지.

진나라는 효공이 상앙변법을
시행한 뒤 국력이 점차 강해졌다.
바이서우이(白壽彝)
《중국통사(中國通史)》

기원전 318년, 삼진(三晉)과
제나라, 초나라가 연합해
진나라를 공격하기 위해
함곡관에 이르렀다.
바이서우이(白壽彝)
《중국통사(中國通史)》

위나라, 한나라, 조나라, 초나라,
연나라가 들고 일어났다
(다섯 나라가 함께 진나라를
공격했다). 여섯 나라가
합종해서 한마음으로
힘을 합쳤다.
《사기(史記)·소진열전(蘇秦列傳)》

진나라가 발전하자 여섯 나라에게 포위되어
공격을 받게 되었어.

그래서 혜문왕은 여섯 나라의 사이를 벌어지게 해
그 포위를 풀었고,

진나라는 장의의
주장에 따라
연횡으로
합종을 파괴했다.
바이서우이(白壽彝)
《중국통사(中國通史)》

외교적인 방법으로 각국의 연맹을 해체시켰어.

> 여섯 나라의
> 합종을 깨뜨리고
> 서쪽을 바라보며
> 진을 섬기게 했다.
> 《사기(史記)·
> 이사열전(李斯列傳)》

무열왕 시기에는 진나라가 동쪽으로 진출을 시작했어.

(함곡관)

의양¹⁰⁵⁾을 차지한다!

> 4년, 의양을 점령하고
> 6만 명의 머리를 베었다.
> 황하를 건너 무수(武遂)에
> 성을 쌓았다.
> 《사기(史記)·진본기(秦本紀)》

중원지역을 향한 틈을 벌리고
(중원으로 통하는 의양 지역을 공격해 빼앗은 거야.)

> 의양을 공격했다…
> 의양을 점령했다.
> 《전국책(戰國策)·진책(秦策) 2》

---

105) 의양(宜陽) : 현재의 허난(河南)성 뤄양(洛阳)시 지역. – 역주.

중원으로 공격해 들어가기 시작한 거지!

기원전 308년, 진 무왕이
한나라의 의양을 공격해 점령했다.
이때부터 진나라의 세력이
점점 중원으로 뻗어나갔다.
바이서우이(白壽彝)
《중국통사(中國通史)》

소양왕이 통치하던 시절에 진나라는 여섯 나라로 군사를 보내기 시작했어.

기원전 294년, 진나라는 또다시
한나라와 위나라를 공격했다…
기원전 284년, 삼진(三晉), 연나라, 진나라
총 다섯 나라가 연합해서 제나라를
정벌했다… 진나라 장군 백기가
이때(기원전 279년) 초나라 도읍 영을
공격했다… 이때부터 진나라는
삼진(三晉)을 직접적인
공격 목표로 삼았다.)
바이서우이(白壽彝)
《중국통사(中國通史)》

각 나라를 하나씩 무너뜨렸어.

(초나라의) 세력이 이때부터 약해지기
시작했다… (진나라는) 한나라, 위나라
군대를 격파하고 24만 명이 넘는
사람들의 목을 쳤다… 제나라는 거의
멸망 직전이었다… 손해가 심각했던
조나라도 이때부터 약해지기 시작했다…
산동의 각국이 모두 이미 쇠약해지고
혼자 진나라의 공격에 대항할 수 있는
나라가 없었다.
바이서우이(白壽彝)《중국통사(中國通史)》

---

106) 장평대전(長平之戰) : 기원전 262년부터 260년까지 계속된 진나라와 조나라 간의 대규모 전투 –
역주.
107) 화양대전(華陽之戰) : 기원전 273년 백기가 조나라와 위나라 군사 15만 명을 죽인 전쟁. – 역주.
108) 오국벌제(五國伐齊) : 다섯 나라가 제나라를 치다. – 역주.

장양왕이 다시금 합종을 끊어버려서

장양왕 원년,
여불위를 승상으로 삼았다.
《사기(史記)·
여불위열전(呂不韋列傳)》

여불위는 재상으로서···
처음으로 동군(東郡)이
설치되었다.
《사기(史記)·
진시황본기(秦始皇本紀)》

여섯 나라가 지리적으로 합종을 하기가
더 어려워졌어.

동군의 경계를 확장한 뒤
중립국이었던 제나라와 연합하는 데
성공하면서, 북쪽의 연나라와 조나라,
남쪽의 위나라와 초나라 사이를
단절시켰다. 이로써 그동안 달성하지
못한 목표였던 동쪽으로의
연횡을 성공했다.
순원보(孫聞博)《동군(東郡)의 설치와
진나라에 의한 6국의 멸망-
권력 구조와 군현제 추진을 중점으로》

대를 이은 진나라 군주들이 모두
진나라의 발전을 위해 조금씩 힘을 보탠 거지.

그리고 대대로 인재를 중용했어.

여섯 나라의
합종을 깨뜨리고
서쪽을 바라보며
진을 섬기게 했다.
《사기(史記)·
이사열전(李斯列傳)》

그에 비해 다른 나라들은?

서로 분열이 일어나거나

춘추시대 말기… 이때부터 세 가문이 진(晉)나라를 나눴다.
바이서우이(白壽彝)《중국통사(中國通史)》

(조 무령왕은) 둘 다 왕으로 만들려다가 머뭇거리며 결정하지 못하는 바람에
난이 일어났고, 아버지와 아들이 함께 죽기에 이르렀다.
《사기(史記)·조세가(趙世家)》

인재를 중요하게 생각하지 않았어.

상앙은 먼저 위나라로 갔으나
위왕이 그를 중용하지 않았다.

바이서우이(白壽彝)《중국통사(中國通史)》

(장의가) 초(楚)나라의 재상과
술을 마시다가 초나라의 재상이
벽옥(璧玉)을 잃어버린 일이 있었다.
재상의 문객들은 장의를 의심해서…
모두 장의를 잡아서는
수백 대 매를 때렸다.

《사기(史記)·장의열전(張儀列傳)》

(위나라 재상은) 시종을 시켜 범수에게 매를 때려 갈비뼈와 이빨을 부러뜨렸다.
범수가 죽은 척하자 대자리로 말아서 변소에다 버렸다.

《사기(史記)·범수채택열전(范雎蔡澤列傳)》

대세의 흐름 속에서
한쪽은 흥하고
다른 한쪽은 쇠했지.

결국 진왕 정이 통치하던 시기에는
이미 마지막 단계였어.

백여 년이 넘는 시간 동안
지속적으로 노력한 끝에
기원전 246년 진왕 정이 통치하던
시기에 통일을 실현할 수 있는
조건을 이미 거의 다 갖추었다.

바이서우이(白壽彝)
《중국통사(中國通史)》

진왕 정은 기원전 230년, 한나라를 무너뜨리고,

> 기원전 230년,
> 한나라를 무너뜨렸다.
> 뤼쓰미안(呂思勉)
> 《중국통사(中國通史)》

기원전 228년, 조나라를 무너뜨리고,

> 기원전 228년, 조나라를
> 무너뜨렸다.
> 뤼쓰미안(呂思勉)
> 《중국통사(中國通史)》

기원전 225년, 위나라를 무너뜨리고,

> 기원전 225년,
> 진나라가 위나라를 무너뜨렸다.
> 뤼쓰미안(呂思勉)
> 《중국통사(中國通史)》

기원전 222년, 초나라와 연나라를 무너뜨리고,

기원전 222년, 요동(遼東)으로
군사를 보내 연나라를
쳐서 무너뜨렸다.
뤼쓰미안(呂思勉)
《중국통사(中國通史)》

기원전 223년…
초왕 부당(負當)이 포로로 잡혔다.
이듬해… 초나라는
완전히 멸망했다.

양콴(楊寬)《전국사(戰國史)》

기원전 221년, 제나라를 무너뜨렸어.

기원전 221년,
연나라를 멸한 군사들로
남쪽의 제나라도 무너뜨렸다.
뤼쓰미안(呂思勉)
《중국통사(中國通史)》

10년의 시간 동안,
여섯 나라를 모두 멸망시킨 거지

기원전 230년부터 221년까지
진왕 영정은 10년의 시간을 들여
결국 여섯 나라를 통일하는
큰 업적을 이뤘다.
인민교육출판사
《고등학교 과정 표준 교과서·
필수 역사 1(교사용)》

진나라의 통일은 한 고양이의 공이 아니라,
여섯 대를 걸친 왕들이 함께 이룬 것이었어….

이로써 500여 년 동안 계속되었던
대전쟁의 시대가 끝났어.

기원전 770년부터
476년까지를 춘추시대라고
하고, 기원전 475년부터
221년까지를
전국시대라고 한다.
상무출판사
《현대한어사전(現代漢語詞典)
(제7판)》

이제 통일된 집권 왕조가 시작되었지.

중국 역사상 첫 번째
중앙집권형 봉건 왕조를 세웠다.
그것이 바로 진 왕조다.
인민교육출판사
《고등학교 과정 표준 교과서·
필수 역사 1》

진왕 정부터 황제라 칭하기 시작했고

진왕 영정은…
삼황오제의 명칭을 합쳐
'황제'라 하고
이를 자신의 칭호로 정하고,
스스로를 '시황제'라고 불렀다.
인민교육출판사
《고등학교 과정 표준 교과서·
필수 역사 1》

거침없는 수완을 발휘하며 빠르게 경제, 정치, 문화를 통일해나갔어.

법과 도량형, 수레바퀴의
폭을 통일하고
문자도 통일했다.
《사기(史記)·
진시황본기(秦始皇本紀)》

분봉제를 폐하고, 군현제를 실시했으며
혼란스러웠던 전국시대의 옛 모습을 철저하게 지워나갔어.

진시황은 이사의 건의를 받아들여
전국 범위의 군현제를 실시했다.
인민교육출판사
《고등학교 과정 표준 교과서·
필수 역사 1》

끊임없는 전쟁에
고통을 받은 것은 제후들이
왕이 되었기 때문이다.
《사기(史記)·진시황본기(秦始皇本紀)》

중국의 이후 2000여 년은
이때를 기준으로 흩어진 기간보다 합쳐진 기간이 더 길었어.

진 왕조가
중국을 통일한 뒤 2000여 년 동안
진한(秦漢), 수당(隋唐), 원명청(元明淸)
세 차례의 대통일이 있었고, 그 기간은
1300여 년에 달한다. 통일된 상태거나
거의 통일된 상태(북송(北宋))인 기간이
3분의 2에 달하는 것이다.
인민교육출판사
《고등학교 과정 표준 교과서·
필수 역사 1(교사용)》

하지만 흩어졌다 다시 합쳐질 때,
피비린내 나는 과정이 따랐지….

폭력으로 통일한 천하의 미래는 어떤 모습일까?

다음 권에서
만나요!

이어서 계속

편집자의 말 ◇◇◇◇◇◇◇◇◇◇◇◇◇◇◇◇◇◇◇◇◇◇◇◇◇◇◇◇◇◇

　진나라가 여섯 나라를 멸망시킨 순서에 대해 인민교육출판사의 고등학교 역사 교과서나 뤼쓰미안 등은 한, 조, 위, 초, 연, 제의 순서라고 말한다. 양콴, 바이서우이 등의 역사학자들은 조나라의 멸망을 연나라의 뒤로 본다. 전자는 기원전 228년, 진나라가 조나라의 도읍을 쳐서 조왕을 포로로 잡은 것을 멸망으로 본다. 후자는 그 시기에는 조나라의 잔여 세력들이 대군(代郡)에서 나라를 일으켰고, 그들이 6년 뒤 진나라에 의해 멸망했다고 본다. 이 책에서는 전자의 관점을 사용했다.

　진시황은 정치적으로는 분봉제를 없애고, 군현제를 도입해서 중앙집권을 강화했다. 이와 동시에 황제 제도를 세우고 '삼공구경(三公九卿)'으로 이루어진 봉건식 조정을 만들었다. 군사적으로는 북쪽에 장성을 세우고, 남쪽으로는 백월(百越)을 평정하며, 영남(嶺南) 지역을 시작으로 전 중국 통치자의 판도를 열었다. 이외에도 전국의 법률과 문자, 화폐, 도량형을 통일하고, 다섯 차례 순찰을 돌며 사방을 굴복시켰다. 이 방법은 직간접적으로 수많은 왕조에서 계속 사용되었고, 훗날 중국 역사 발전에 깊은 영향을 주었다.

영정 역 - 전병

참고 문헌 : 《사기(史記)》, 《염철론(鹽鐵論)》, 《전국책(戰國策)》, 바이서우이(白壽彝) 《중국통사(中國通史)》, 선창윈(沈長云) 《전국사와 전국문명(戰國史於戰國文明)》, 뤼쓰미안(呂思勉) 《중국통사(中國通史)》, 《과진론(過秦論)》, 젠보짠(翦伯贊) 《중국사 요강(中國史綱要)》, 양콴(楊寬) 《전국사(戰國史)》, 탄치샹(譚其驤) 《역사 속 중국과 중국 역대 영토》, 순원보(孫聞博) 《동군(東郡)의 설치와 진나라에 의한 6국의 멸망 - 권력 구조와 군현제 추진을 중점으로》, 상무출판사 《현대한어사전(現代漢語詞典)(제7판)》, 인민교육출판사 《고등학교 과정 표준 교과서·필수 역사 1(교사용)》, 《중국통사(中國通史)》, 인민교육출판사 《고등학교 과정 표준 교과서·필수 역사 1》

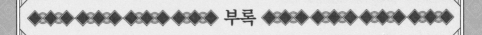

자주 살해 위협을 받았던 진시황

진시황이 여섯 나라를 통일한 것은 매우 대단한 업적이지만, 뒤에서는 늘 여섯 나라들에 의해 살해 위협을 받고 있었어. 역사 기록에만 최소 네 차례나 자객들의 습격을 받고 죽을 뻔했어.

벼슬이 있는 나무

진시황은 여섯 나라를 통일한 뒤 타이산(泰山)에서 제사를 드리는데 갑자기 바람이 불고 비가 왔어. 다행히 나무 한 그루가 있어 그 밑에서 비를 피했는데 진시황은 이 일로 그 나무에게 오대부(五大夫)의 지위를 내렸어.

십이금인(十二金人)

진시황은 천하를 통일한 뒤 여섯 나라의 반항을 막기 위해서 천하의 병기를 모아 동종(銅鐘)과 열두 개의 상을 만들었어. 각각의 동상은 30,000kg이 넘었다고 해.

고양이가 중국사의 주인공이라면 ❷

제1판 1쇄   2021년 4월 30일

지은이   페이즈(肥志)
옮긴이   이에스더
펴낸이   장세린
편집   배성분
디자인   얼앤똘비악

펴낸곳   버니온더문
등록   2019년 10월 4일(제2019-000123호)
주소   서울특별시 용산구 청파로93길 47
홈페이지   http://bunnyonthemoon.kr
전화   050-5099-0594 팩스 050-5091-0594
이메일   bunny201910@gmail.com

ISBN 979-11-969927-2-9 (04910)
ISBN 979-11-969927-0-5 (세트)

책값은 뒤표지에 있습니다.
파본은 구입하신 서점에서 교환해드립니다.